本书为教育部人文社会科学研究重点基地课题"媒介用户使用体验的模型与定量化研究"的研究成果

# 媒介用户的
# 使用体验

## 研究范式
### 与
## 定量化模型

喻国明　韩婷　杨雅
————著————

人民日报出版社

**图书在版编目（CIP）数据**

媒介用户的使用体验：研究范式与定量化模型 / 喻国明，韩婷，杨雅著 .
-- 北京：人民日报出版社，2019.3
ISBN 978 - 7 - 5115 - 5894 - 7

Ⅰ.①媒… Ⅱ.①喻…②韩…③杨… Ⅲ.①传播媒介—用户—调查研究
Ⅳ.① G206.2

中国版本图书馆 CIP 数据核字（2019）第 057081 号

| | |
|---|---|
| 书　　名： | 媒介用户的使用体验——研究范式与定量化模型 |
| 著　　者： | 喻国明　韩　婷　杨　雅 |

| | |
|---|---|
| 出 版 人： | 董　伟 |
| 责任编辑： | 梁雪云 |
| 装帧设计： | 主语设计 |

| | |
|---|---|
| 出版发行： | 人民日报出版社 |
| 社　　址： | 北京金台西路 2 号 |
| 邮政编码： | 100733 |
| 发行热线： | （010）65369509　65369527　65369846　65363528 |
| 邮购热线： | （010）65369530　65363527 |
| 编辑热线： | （010）65369526 |
| 网　　址： | www.peopledailypress.com |
| 经　　销： | 新华书店 |
| 印　　刷： | 三河市华东印刷有限公司 |

| | |
|---|---|
| 开　　本： | 710mm×1000mm　1/16 |
| 字　　数： | 129 千字 |
| 印　　张： | 11.5 |
| 印　　次： | 2019 年 4 月第 1 版　2019 年 4 月第 1 次印刷 |

| | |
|---|---|
| 书　　号： | ISBN 978 - 7 - 5115 - 5894 - 7 |
| 定　　价： | 58.00 元 |

# 目　录
## CONTENTS

# 导　论
## 研究缘起与研究现状

## 第一节　全新用户体验研究的缘起与价值

"注意"从来都是一种宝贵的资源。原始部落酋长通过"讲故事"的方式聚拢部族成员的注意，并由此确立自己的"权威"；报纸、杂志、广播、电视、图书等传统媒体通过提供专业信息服务聚拢公众的"注意"，并基于此在社会生活中发挥政治、经济、文化等多方面的影响力。到了信息社会，随着信息量的激增与信息接受终端的无处不在，"注意"这种资源的稀缺性更加凸显。面对渠道和信息产品无限与注意力资源有限这对矛盾，如何吸聚"注意"便成为传媒行业面临的首要课题。在无法用行政命令或渠道与产品的有限性"强制"用户使用某种或某些媒介时，媒体不得不放弃"传者中心"理念，转而奉行"用户中心"理念，基于用户洞察，将产品策略、营销策略等建立在用户体验上。

正是在这样的时代背景下，我们将"媒介用户使用体验"作为研究对象，旨在探索用户在使用媒介产品或系统时的全部感受。其意义具体体现在如下几个方面。

一、理论意义：将传播学受众研究升级至用户体验研究，更全面地解释用户的选择倾向，使媒介用户所获"效用"具有可测量性

受众研究是传播学主要研究领域之一，已有受众研究偏重于单向传播的传统媒体领域。在互动、参与已成为常态的新媒介生态环境中，建立在单向传播基础上的受众研究已不能满足学科发展的需要。受众研究有必要升级为用户体验研究。即通过研究"使用者的状态、系统性能以及环境（状况）"等因素，解释用户使用媒介的主观感受、动机、价值观以及使用媒介时的认知反应、情感反应与行为反应。

同时，用户体验（用户使用媒介产品过程中建立起来的纯主观感受）与西方经济学所言的消费者"效用"皆具主观性。"效用"概念虽然对消费者行为有相当的解释力，但因其主观难测而常难以把握，本研究通过建立媒介用户体验模型，使"效用"更具可测性。

二、实践意义：基于对媒介用户使用体验的科学研究，构建用户体验影响模型，为媒介产品决策、品牌决策、营销决策等提供客观依据，摆脱仅凭经验与直觉洞察用户的局限性

用户洞察既是科学又是艺术。有的管理者可以凭借自己对用户心理与社会特征的直觉把握，设计出能给用户带来良好体验的产品。但当决策过于依赖经验与直觉时，其效力不够稳定。本研究借助脑电、眼动等认知神经科学方法和问卷调查、深度访谈等社会科学方法，探查影响媒介用户使用体验的因素与内在机制，为媒介产品决策、品牌决策与营销决策等提供依据。

总之，本研究的理论意义主要体现在基于媒介用户体验建立

起传播学与传媒经济／管理学科间的内在联系。媒介用户使用体验研究对于传播学而言，即为升级版的受众研究；对于传媒经济与管理学科而言，则为深入的产品、品牌管理研究与营销研究。其实践意义则体现在为改进传播效果、设计传媒产品、构建传媒品牌、制订传媒营销策略等提供科学依据。

## 第二节　本课题国内外研究现状

随着互联网等新媒介的崛起，传媒竞争日益激烈，而在这竞争之中，获得用户认可已成为传媒立足市场的根本所在。正因为如此，媒介用户使用体验如今不仅成为传媒业界评价其产品或服务质量的重要指标，也成为学术界关注的热点话题。

目前国内外关于媒介用户体验的文献较少，但关于用户体验的文献却很多。这类研究所关注的核心问题均为"什么样的产品或服务才能让用户拥有优质体验"，它们多以媒介产品或服务的质量为自变量，以媒介用户体验为因变量，以用户的基本特征（如性别、年龄等人口统计学变量，接触动机、既有经验等用户接触特征）和用户接触环境（自然环境、产品或服务运营环境等）为控制变量。

在这些研究中，国外学者较重视采用表情捕捉、眼动追踪、瞳孔反应等实验方法研究电子商务、网站建设、软件设计、人机互动（HCI）等产品或服务的用户体验；而国内学者采用科学方法所做研究相对较少，文章多停留在经验总结层面，偏重于分析目前国内电子政务、移动网络等领域产品或服务存在的问题，进而提出建议措施。在研究方法明确的国内外研究中，研究者常不得不将复杂的社会现实简化为相对可操作的因变量与自变量，虽然在相对简化条件下所得出的结论未必百分之百与社会现实契合，但在社会科学领域内做研究不得不遵循这样的逻辑：简化自变量，逐渐逼近社会真实，以满意原则对待研究结论。

# 第一章
## 媒介用户使用体验效果的三大评价范式

### 第一节　媒介用户使用体验效果评价的
### 大数据智能算法研究

　　20世纪80年代，美国未来学家阿尔文·托夫勒在其所著的《第三次浪潮》中预言了即将来临的信息社会。迄今为止，不仅大多数托夫勒的预言已成为现实，如灵活的制造业、传播媒介消费群体化等，而且还出现了一系列超出托夫勒预言的新生事物，如3D打印、工业4.0、物联网、云计算、大数据、智能机器人、智能交通、智能医疗、智能教育、智慧城市。这些新生事物已超越了"第三次浪潮"的信息时代，开始进入另一个更为先进的时代，这被托夫勒称为"经济的新的制高点"。（褚君浩，周戟，2016）

　　互联网近年来的迅猛发展及其与物理世界的深度耦合与强力反馈，已经根本性地改变了现代社会的生产、生活与管理决策模式，形成了现实物理世界—虚拟网络空间的紧密耦合、虚实互动和协同演化的平行社会空间，催生了"互联网+"和"工业4.0"

等一系列国家战略。未来社会的发展趋势则将从"物理+网络"的二元系统，走向"物理+网络+人工"的"人—机—物"一体化的三元耦合系统。社会—物理—信息（cyber-physical-social systems，CPSS）三元融合的复杂系统的出现引发了数据规模的爆炸式增长和数据模式的高度复杂化（Wang，2010）[①]，为网络世界中信息以及传播效果评价带来了新的挑战。在互联网、物联网、移动互联网、人工智能、云计算等新型技术以及各种新兴社会媒体的推动下，人类社会已进入大数据智能时代。

## 一、大数据智能算法为媒体移动客户端评价带来的变革

大数据研究在分析工具，即方法论上需要解决的课题，首先在于如何透过多层次、多维度的数据集实现对于某一个人、某一件事或某一种社会状态的现实态势的聚焦，即真相再现；其中的难点就在于，我们需要洞察哪些维度是描述一个人、一件事以及一种社会存在状态的最为关键性的维度，并且这些维度之间的关联方式是怎样的，等等。其次，如何从时间序列上离散的、貌似各不相关的数据集合中，找到一种或多种与人的活动、事件的发展以及社会的运作有机联系的连续性数据的分析逻辑。其中的难点就在于，我们对于离散的、貌似各不相关数据如何进行属性标签化的分类。概言之，不同类属的数据集的功能聚合模型（用于特定的分析对象）以及数据的标签化技术，是大数据分析的

---

① Wang F Y. The emergence of intelligent enterprises: From CPS to CPSS. IEEE Intell Syst, 2010, 25: 85 - 88.

技术关键。如何搜寻这些数据，也是对用户的意识与思维的信息过程的模拟。

以往研究用户的媒介接触，最先进的方法就是日记卡法。中国人民大学新闻与社会发展研究中心重大课题"中国受众媒介接触定量研究二期调查（2015）"，该项受众调查采用了日记卡和问卷结合的方式，采用多阶段概率与规模成比例（PPS）的整群随机抽样方法，样本来自索福瑞的广播听众固定样组，调查历时35天，采用入户调查的方式，日记卡每周发放和回收一次，在最后一周回收日记卡的同时发放问卷。受访者须每天按照日记卡的格式如实填写全天每个时段的行为、停留的空间及其当时的情绪。

## （一）用户数据类型的变革：从属性数据到多维数据

大数据的"大"（volume），不少人认为这指的是数据规模的海量——随着人类在数据获取、记录及传输方面的技术革命，带来了数据获得的便捷与低成本，这便使原有的以高成本方式获得的描摹人类态度或行为的、数据有限的小数据已然变成了一个巨大的、海量规模的数据包。这其实是一种似是而非的认识。其实，前大数据时代也有海量的数据集，但由于其维度的单一，以及和人或社会有机活动状态的剥离，而使其分析和认识真相的价值极为有限。因此，大数据的真正价值不在于它的大，而在于它的全——空间维度上的多角度、多层次信息的交叉复现；时间维度上的与人或社会有机体的活动相关联的信息的持续呈现。

传统用户分析数据基本上都是属性数据，即所谓人口统计学数据，诸如性别、年龄、收入、态度、社会阶层等。有学者说，传统的抽样调查强调随机性，这就像社会科学研究的一种"绞肉机"，把个体从其所在的社会情境中剥离出来，还要确保研究对象之间不存在联系。对此 Kenneth Boulding 就认为，研究不能"见物不见人"，不关心人的社会行为，只关心商品的交易行为，无法客观而真实地反映社会再生产循环的全貌。

传统互联网里常说"网络上，你永远不知道对方是怎样一个人"。在大数据时代，这句话的可成立性就要打折扣了。用户的网络行为轨迹数据完全可以还原出特征偏好鲜明的人物形象，从"关系"角度出发研究社会现象和社会结构，从而捕捉由社会结构形成的态度和行为。受众从传统调查法之下单个的原子，变为多维立体的形象。

（二）从既有行为模式的挖掘，到未来行为可能性的预测

一般而言，网络痕迹数据包括两类：网络基本数据和网络行为数据。网络基本数据包括位置信息、注册信息、设备型号等；行为数据包括浏览、点击、搜索等。大数据时代，这些数据可以取得并相互关联。通过对这些数据的分析，社会化媒体结合大数据技术将传统注重事件因果的数据库营销，变为注重关联因子的大数据营销。

自亚里士多德时代始，人类一直在渴求发现万事万物之间的关系。但这毕竟是一个理想的状态。在大数据时代，信息急速聚集，我们可以退而求其次，大数据时代最大的转变就是，转变对因果关系的渴求，退而求其次去关注相关关系。也就是说只要知道"是什么"，而不需要知道"为什么"。这就颠覆了千百年来人类的思维惯例，对人类的认知和与世界交流的方式提出了全新的

挑战：更多（volume），不再是随机样本，而是全样本的所有数据；更杂（variety），不是精确性，而是混杂性；更好（value），不仅注重因果关系，而且同样看重相关关系所带来的价值。

相关关系数据预测最著名的案例或许应当是舍恩伯格在《大数据时代》中所谈到的 Target 的预测。2012 年年初，美国一名男子向他家附近的 Target 店铺抱怨他 17 岁的女儿收到了婴儿尿片和童车的优惠券。店铺经理不知道发生了什么，表明那肯定是个误会。然而，经理并不知道这是公司运行大数据系统的结果。一个月后，这个愤怒的父亲来道歉，因为 Target 发来的婴儿用品促销并不是误发，他的女儿的确怀孕了。与此类似，一家美国零售商发现，两者不同变数之间存在着某种有趣的联系，当天气变冷，肉桂葡式蛋挞的销量上升500%——并非所有葡式蛋挞，只有肉桂这一品种，面对这种零星数据，零售商要做出抉择，每当预测天气即将转冷时，应该储备多少肉桂葡式蛋挞。

挖掘大数据库中的相关关系，同样要基于更加复杂的算法与分析模型，我们不仅要通过数据了解过去发生过什么，现在发生什么，更重要的是预测未来将要发生什么，并在此研判的基础上采取适宜的准备和主动的行为。

（三）从被动接收关系数据，到主动出击挖掘非关系数据

早在 2010 年，就有学者借用尼尔·波兹曼的思路提出了如下四个问题：一种媒介在多大程度上有助于理性思维的应用和发展？媒介在多大程度上有助于民主的发展？新媒体在多大程度上能够使人获得更多有意义的信息？新媒体在多大程度上提高或减弱了人类的道义感，提高或减弱了我们向善的能力？其中波兹曼

对于第三个问题的回答是，在过去的一百多年里，人类执着地追求快速提供信息的机器，结果，我们被淹没在信息的汪洋大海里，新媒体让我们的国家成为信息垃圾堆放场。①

然而，数据信息中实际上并不存在真正意义上的垃圾，垃圾只是被放错位置或是未经分类的有用物而已。例如对于亚马逊来说，过去近20年间，它追踪了成千上亿网购用户在亚马逊网站上的浏览、搜索以及购买记录，在这一过程中不仅积累了大量的用户数据，而且开发了强大的推荐算法，亚马逊利用这些算法为消费者推荐了很多适合的商品，这是亚马逊的核心竞争力所在。现在亚马逊可以轻易地将这些优势移植到网络广告领域，打造基于海量用户购物数据的强大的实时广告竞价产品，为广告主将广告在合适的网站、合适的时间展现给合适的消费者。当亚马逊的用户访问某个网站时，亚马逊的数据可以帮助确认此人来自哪里，最近在亚马逊上购买了什么商品，比如纸尿布。那么针对这种情况，在这个网站的广告位上投放母婴产品的促销信息或许是最合适的。

相较其他DSP，亚马逊拥有消费者的购买信息，这种信息相比单纯的cookies无疑更有价值。因此，这种基于背后强大数据和技术实力支撑的实时竞价广告产品，对于广告主更有吸引力。大数据时代，能够将信息垃圾堆放场中的非传统、非结构化数据重新挖掘、分类，将之前Web2.0时代被动接受和存储的僵尸数据重新活跃起来，发挥作用，起到点石成金的作用。

传统的数据库营销注重关系数据、结构化数据。然而这类

---

① 孙玮. 媒体融合与新闻传播学术创新 [J]. 国际新闻界,2010（12）。转引自陈力丹. 新闻传播学：学科的分化、整合与研究方法创新 [J]. 现代传播，2011（4）：23-29.

数据无法适应大数据时代"横向扩展"（scale out）的分析需求。随着 MapReduce 技术性能的提升、应用领域的扩展，关系数据管理技术和 MapReduce 技术的争论一直持续。除 Greenplum、Aster Data 等新兴公司以外，Oracle、Teradata、IBM、Vertica 等传统数据库厂商也致力于 MapReduce 和 RDBMS 的集成。它们所采用的策略基本类似，即在 RDBMS 引擎内支持 MapReduce 作业的运行。Hadoop 是试图混合 MapReduce 和 RDBMS 技术的一项重要工作。[①] 主动出击，挖掘半结构化和非结构化的非关系数据，从中找到轨迹、模式与预测点，是大数据营销的重要特点。

例如，在脸谱（Facebook）上市时，一个社交平台监测了推特（Twitter）上的情感倾向与脸谱股价波动的关联。具体来说，在开盘前推特上的情感逐渐转向负面，25分钟之后，脸谱的股价便开始下跌；而当推特上的情感转向正面时，其股价在8分钟之后也开始了回弹；当股市接近收盘时，推特上的情感转向负面，10分钟后股价则又开始下跌。这就在情感与股价这两类传统意义上看来非关系数据之间获得了新的联系。

## 二、媒体移动客户端的嬗变趋势分析

### （一）智能化界面与人性化趋势

现代意义的"界面"（Interface）概念和许多技术词汇一样，是个舶来品，在传播学以外的领域早已是一个常用词，泛指"物

---

① 覃雄派，王会举，杜小勇，王珊. 大数据分析：RDBMS 与 MapReduce 的竞争与共生 [J]. 软件学报，2012, 23（1）: 32–45.

体与物体之间的接触面"，在物理、化学领域，"界面"表示不同质物体间的接触面，如液体/固体界面。后来应用到信息科学领域，指的是"两种或多种信息源面对面交汇之处"。在包括媒介传播在内的信息传播领域，"界面"可以界定为：信息传播者和信息接收者之间关系赖以建立和维系的接触面，包括呈现信息的物质载体的硬件（硬界面）和支撑信息系统运行的软件（软界面），其主要功能是实现信息的输入和输出。受众正是通过这些界面才能使用媒介并从中获得满足。

总体而言，人类媒介传播史就是一部媒介界面不断优化以使受众需求得到更好满足从而使媒介的传播能力不断提升的历史，传播媒介界面的进化逻辑，可以用美国后麦克卢汉主义学者保罗·莱文森的媒介演化"人性化趋势"（anthropotropic）和"补偿性媒介"（remedial medium）理论来解释。在莱文森看来，人类技术开发的历史说明，技术发展的趋势是越来越人性化，技术在模仿甚至是复制人体的某些功能，比如感知模式和认知模式。"补偿性媒介"用以说明人在媒介演化中进行的理性选择。简单地说，任何一种后继的媒介，都是一种补救措施，都是对过去的某一种媒介或某一种先天不足的功能的补救和补偿。

换言之，人类的技术越来越完美，越来越"人性化"。界面在满足人类感官需求上，从单纯诉诸视觉（书籍、报纸、杂志等平面媒介界面）、听觉（广播媒介界面）到诉诸视听觉（电视媒介界面），直到诉诸多种感觉器官（互联网、手机媒介界面），经历了从感知失衡到感知平衡的过程，印证了麦克卢汉描述的人类传播媒介所经历的"整合化—分割化—重新整合化"过程。也就是说，当媒介发展到拥有可以让多种感官参与的互动界面阶段后，媒介越来越适应人类的需求，越来越符合人类通过媒介以促进自身发展的要求，越来越优化受众的媒介消费体验，这是因为互联网和手机等数字互动媒介始终将受众作为界面设计的出发点和归宿。

对于界面的要求大致包括其舒适度、方便性、美观度、可控性、干扰度等因素。这些因素的优化能够适应用户的使用习惯，利于用户对媒介信息的接收，最大限度地降低大众传播媒介作为"插入传播过程"的中介物带来的阻隔和延滞，从而带来更大的便利性和舒适性，让用户获得对于界面的友好感觉。举例来说，亚马逊网站最近开发出了一种"网络试衣间"。用户通过手持式的三维扫描仪对自身形体进行扫描，获得的数据被传输回服装销售商处，形成顾客自己的虚拟三维影像。之后用户即可选取新衣"试穿"上身，并可以通过鼠标控制虚拟影像，进行简单的举手弯腰等动作，在电脑屏幕上查看衣服是否合身。由此可见，大数据时代，把握了智能化、人性化的趋势，才能真正把握界面发展的方向。

## （二）媒介权力与传受分析：电子对话与关系传播

移动互联网与智能手机的普及对品牌营销产生了很大影响。通过几英寸的屏幕，消费者随时随地都在和品牌互动，这对品牌主来说喜忧参半。微信、微博、微视频等透明开放的信息窗口，让消费者可以快速表达所见所闻，品牌从未有机会能如此接近并时刻聆听消费者的声音。但是，毫无组织的信息对品牌来说并没有太大价值，甚至会成为负担。尽管"随时随地"让品牌有机会更了解消费者，但"何时何地"才是营销者应该着重考虑的问题。

互动界面的存在不但有利于受众需求的更好满足，而且有利于增加媒介组织的透明度，树立良好的媒体形象，从而优化传受关系。由于媒介和受众之间有直接沟通的渠道，传统媒体的单向独白式传播向数字互动媒介的双向对等式交流迈进，互动界面为媒介组织和受众搭建了对话的桥梁。借助新的传播技术，传播形态终于可以向前迈进了一大步。美国学者桑德拉·鲍尔等提出了"电子对话"（telelog）的概念，认为大众传播是独白式的传播形态，人际传播是对话式的传播形态，而以信息传播新技术为手段的传播，则是电子对话式的传播形态。当独白变成了对话、内容灌输变成了信息交流，数字技术由此将传受关系向前推进了一大步。正是在这个意义上，有学者认为新媒体在本质上是一种"关系传播"，而不仅仅承担"信息传播"的职能，并明确提出"新媒介即关系"的观点。① 界面在促进媒介与受众的关系上确实能够发挥更大作用，受众地位的提升不但不会弱化媒体的地位，相反会因为受众持续与媒体互动而加大媒体接触的频次和强度，从而提高媒体的"黏性"。这为我们认识大数据时代媒体的界面提供了新的视角。

大数据的发展同样会引发一种"关系革命"。半个多世纪以前，著名传播学者麦克卢汉曾说过媒介即信息，意思是一种新的有影响的媒介不仅给我们增加了传播渠道和通路，更大程度上将社会资本在整个社会层面进行重新分配，由此所带来的社会关系的改变才是新媒介出现的真正意义和价值所在。互联网趋势研究者谢尔·以色列在其著作《微博力》中指出："我们正处在一个

① 陈先红.论新媒介即关系 [J].现代传播，2006（3）.

转换的时代：一个全新的交流时代正在代替老朽的、运转不灵的传播时代。"所谓规则创新是要重构跟用户的关系。如果我们能在重组中建立新的关系，就能拥有巨大的商业机会和社会机会，这种关系重构很大程度上能改变过去的游戏规则，把权力（如选择权和决策权）交给用户和利益相关方，在这些权力里，任何游戏规则的重构都能发挥巨大的市场能量和社会影响力。

### （三）大数据品牌营销的关联与开发

大数据时代，互联网已经成为社会的底层设施，就像一台计算机的操作系统一样，规定着你的运作方式、决定着你的价值评估、划定着你的运营空间。不依循它的规则和逻辑，就无法真正有效利用今天互联网所带来的种种机会、便利和资源。

互联网对于今天的传媒领域的影响，不仅仅是它的进取态势，更重要的是，它已经从传播领域的底层设计上改变了传播运营和价值实现的基本法则。那么，什么是大数据时代的互联网逻辑呢？面对这一逻辑，传媒操作的关键是什么？至少有这样两个关键词应该记取。

首先，关联。互联网对一切社会要素、市场要素的关联进行了整合。互联网进入我们生活的最初阶段，是利用它的海量存储、超级链接实现了内容供应状态的互联互通，以新浪、搜狐、网易为代表的第一代综合门户网站构成了最初的"内容网络"。紧接着，它以包含现实体验又超越现实体验的方式实现了某些内容服务与人的需求的极致化对接，如第二代功能型门户网站百度、腾讯和淘宝所做的那样。目前我们所面对的微博和微信等社交媒体，则实现了人际网络的互联互通，使人和人的沟通和社会协同呈现出一种无远弗届、无所不至的可能。这种巨大的可能性对社会的意义在于：原本散落在每个人身上的闲置的时间、闲置的智能与智识等资源，在全人际的范围内得以最大限度地开发、调用和功能性配置，形成种种价值协同的社会形态。以维基百科、互动地图的智识生产为代表的"众包生产"，就是这种资源配置、社会协同所创造价值的典型。下一步的互联互通就是物联网。接下来就是内容网、人际网和物联网之间的互联互通及基于这种联结的社会协同，其所创造的价值增量空间难以想象。

其次，开放。首先是自我的开放。要打开自己的视野和运作格局，不能仅仅盯着自己把控的"一亩三分地"。要将眼光投向更为广阔的市场空间，在产业整合和市场协同中利用别人的资源、别人的品牌、别人的渠道去做传播和社会服务，这是媒体融合和市场"碎片化"给我们带来的最大机遇，对于这样一个机遇视而不见是最大的机会丧失。

互联网的精神就是开放。只有能够生出新的机会的机会才是真正的机会。合作共赢是互联网时代功能创造和价值实现的基本法则。就今天的传媒发展和运营而言，主要体现在以下三个方面的创新。

以人为本的传播规则的创新，旨在实现媒体和用户关系，特别是权力关系的重构。其中，"以人为本"的内容服务逻辑、传播权利中选择权、接近（决策）权以及表现表达权的规则化社会分享是其操作要点；跨界整合的产业形态的创新，旨在实现媒体融合背景下媒体市场版图与价值资源的重构；系统协同下盈利模式的创新，以"关联—节点式"的价值对接方式实现互联网条件下的盈利模式的重构。有人曾问米开朗基罗为什么能把大象雕琢得如此栩栩如生，米开朗基罗说："大象就在石头里存在着啊，我不过是把不是大象的那部分石头去掉了而已。"同样地，互联网的逻辑就在那里，我们所需要做的就是，存活在那个趋势和逻辑中，把不属于那种趋势和逻辑的东西抛弃掉。

大数据作为生产力，正在逐渐改变着各行各业的行为逻辑，改变着我们日常生活和工作的形态。虽然对有些行业来说，大数据时代带来的好处仍模糊不清，但营销行业面临的情况稍微要清晰一些。营销人员利用关于目标受众的复杂数据集可能带来更有效的宣传和可衡量的竞争优势。新兴的学术研究表明，那些利用大数据分析来做决策的公司，比其他竞争者显得更有效率，也获得了更多的投资回报。[1]超过三分之二的机构预计在未来一年将增加数据管理服务支出，41%的机构预计在未来一年将支出增加5%至10%。

大数据营销的关键因素在于：第一，公司可以横跨各业务单位收集数据，而且越来越多的大公司甚至可以通过复杂运作从合作伙伴和客户中间收集数据；第二，一个灵活的基础设施建设，可以整合信息和有效地扩大以满足数据激增的情况；第三，实验分析和复杂算法，可以使所有这些信息有意义。[2]正如弗雷特斯负责人谢里尔·帕特克所说，这与其说是大数据问题，不如说是正确数据问题，关键在于将数据转化为见解，然后据此推动业务的发展。

---

[1] Erik Brynjolfsson, Lorin M. Hitt, & Heekyung Hellen Kim. Strength in numbers: How does data-driven decision-making affect firm performance? Social Science Research Network（SSRN）.2011. 4.

[2] Brad Brown, Michael Chui, & James Manyika.（2011）. Are you ready for the era of "Big Data"? McKinsey Quarterly. 10.

　　大数据时代，营销的操作流程可以简化为以下环节。

　　首先，企业生产经营活动不断产生数据。其次，数据分析汇总，反过来为企业生产运营提供决策支撑。这其中蕴含两个环节的运作：在生产环节，洞察用户特征与需求，针对需求生产（核心产品、形式产品、延伸产品）；在经营环节，精确信息推送，精准营销。再次，数据聚集关联，形成大数据平台。然后，运营数据，从数据中挖掘价值，主要运营方法包括：促销策略，实时竞价，筛选目标用户进行产品推广，提升用户体验；监测竞争对手的动态；建构品牌软实力（如口碑营销）与品牌危机预警。最后，在用户多维数据与监测市场动态的基础上，预测市场走向，发掘新市场。如图1所示。

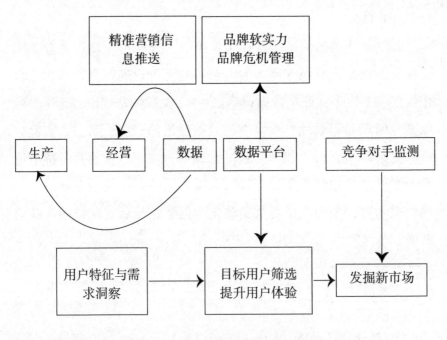

**图1　大数据时代营销的操作流程**

### 三、媒体移动客户端用户体验效果评价的大数据智能算法框架

采用大数据挖掘网络舆情调研的方式来进行测评，通过对社交平台相关数据的挖掘，基于大数据分析特定情境下媒体移动客户端用户体验效果评价及其影响因素，有助于对用户群体、类型和社会结构方面的评测，挖掘分析用户在社交媒体平台的评价、口碑及行为数据，据此形成用户体验效果评估的大数据智能算法框架。

结合社交媒体平台的大数据挖掘，分析用户的媒体移动客户端应用状况、依赖度、信任度、持续使用意愿等认知、态度和行为层面的微观因素，以及可用性、易用性等中观因素，以及网络平台规范、社会文化等宏观因素的影响，辨识出其中的关键性影响因素。具体来说，其一是空间结构研究，探索用户口碑评价在社交媒体中的传播扩散路径与结构，其二是时间序列分析，探索用户持续使用期间效果评价的变化动态；另外，在社交媒体中的传播动力机制研究，第一是"分类"，即用户效果评价类别的甄别，第二是"分层"，即传播节点与网民意见领袖的分析，第三是"分级"，即用户效果评价的情感判别。

媒体移动客户端用户体验效果评价的大数据智能算法框架设计如表1。

### 表 1 媒体移动客户端用户体验效果评价的大数据智能算法框架设计

| 名称 | 架构 | 一级指标 | 二级指标 | 三级指标 | | |
|---|---|---|---|---|---|---|
| 媒体移动客户端用户体验效果评价的大数据智能算法框架 | 自上而下 | 媒体移动客户端效果测评 | 移动客户端价值评估 | 粉丝量 | | 大数据挖掘与计算传播分析（微博、微信、大数据） |
| | | | | 阅读／浏览量 | | |
| | | | | 活跃度 | | |
| | | | | 黏性 | | |
| | | | 移动客户端内容分析 | 内容数量 | | |
| | | | | 内容领域 | | |
| | | | | 情感倾向 | | |
| | | | | 网络搜索量 | | |
| | | | 用户评价时间序列分析 | 口碑扩散发酵分布时间 | | |
| | 自下而上 | 用户的知信行分析 | 微博、微信内容分析 | 分类：话题类别 | | |
| | | | | 分层：网络分工 | | |
| | | | | 分级：情感判别 | | |
| | | | 知：认知渠道 | 主动寻求 | | |
| | | | | 被动接触 | | |
| | | | 信：态度量表 | 解释 | 是／非 | |
| | | | | 评估 | 显著性 | |
| | | | | | 重要性 | |
| | | | | | 可信度 | |
| | | | | | 依赖度 | |
| | | | | 决定 | 益处 | |
| | | | | | 障碍 | |
| | | | | 调节 | 自我效能 | |
| | | | 行：行为阶段 | 启动或培育阶段 | 动机因素 | |
| | | | | | 条件因素 | |
| | | | | | 调节因素 | |
| | | | | | 制约因素 | |
| | | | | 转变或增强阶段 | 动机因素 | |
| | | | | | 条件因素 | |
| | | | | | 调节因素 | |
| | | | | | 制约因素 | |
| | | | | 持续使用阶段 | 动机因素 | |
| | | | | | 条件因素 | |
| | | | | | 调节因素 | |
| | | | | | 制约因素 | |

20

## 第二节　媒介用户使用体验效果评价的
## 认知神经传播学实验研究

认知神经传播学实验研究的基本议题包括：传播渠道研究——媒体移动客户端对用户的认知方式的塑造作用；传播内容研究——媒体移动客户端话语表达方式和界面呈现方式的变动引发的受众反应；传播对象研究——媒体移动客户端使用者的信息加工差异与共性在脑电信号中的表现；传播者研究——媒体移动客户端传播者的形象与受众感知之间的关系，等等。

从理论层面上看，上述研究可以弥补现有传播效果研究所缺失的基础层面，并深化对传播效果，特别是瞬间效果内在产生机制的理解，同时为传播学研究拓展新的疆域提供方法论指导；认知神经传播学研究视角结合社会心理学等理论，可以有效地解释网络社会中人们的信息行为和信息决策，拓展了传播学研究的视阈，将更多传播现象纳入传播学研究范围中。从应用层面上看，认知神经科学基于对人脑及人类心理的细致把握开展研究，可以解决传统传播学研究方法所不能实现的效果，尤其是脑认知技术，可以有限度地打开人脑这个最后"黑箱"，满足媒体移动客户端行业应用之需；同时，亦会在满足行业需要的过程中，形成产、学、研间的正反馈关系。

## 一、认知神经传播学的常用研究方法

### （一）面部情绪识别：瞬间效果的精确捕捉

情感是人类社会交往的重要组成部分。人们在这方面的感知，是基于他人的面部表情、韵律、肢体语言或这些线索的组合（Brothers，1990），从而解读他人的意图和倾向。愤怒、厌恶、恐惧、快乐、悲伤和惊讶，是测量的六种基本面部表情识别（Expression of Emotion Stimuli and Test，FEEST），在研究环境和临床实践中被广泛应用（Ekman，1999）。Montagne 等（2007）曾研究表明，快乐是最容易识别的情感，而恐惧是最难的。此外，老年人在愤怒、悲伤、恐惧和幸福方面表现得比年轻人难识别。在跨文化的情绪研究中，文化熟悉程度在面部表情识别中起到重要作用，某种文化的熟悉度越高，情感认知准确度越高；在跨文化交流中，移动的个体面临着学习新的面部表情"方言"的挑战，以补充他关于更普遍的情感语法的知识（Tomkins & McCarter，1964；Elfenbein & Ambady，2003）。

人们关于人脸识别的研究至少可以追溯至20世纪五六十年代（Bruner & Tagiuri，1954；Bledsoe，1964），然而真正的自动化人脸识别研究还是从20世纪70年代开始的（Kelly 1970；Kanade，1973）。人脸情感识别从处理静态人脸图像和视频图像序列开始，识别眼睛、嘴唇等面部元素特征的变化。由于生物传感器的发展，生物电如 EMG（肌电）和 EEG（脑电）开始被用于面部情绪处理。从人体内产生的其他生物活性如体温变化、肤色变化、脉搏率和血压变化也被用于识别情绪。目前，传感器、数据采集、信号处理、情感检测、情感分类和情绪控制机器人等技术已经开始在各种研究领域广泛应用。

人脸识别技术基本上可以归结为以下三类。

第一，基于几何特征的方法。该方法是最早、传统的人脸检测和识别的方法。在基于该方法的人脸识别系统中，通常需要检测出重要面部特征的形状、相对位置以及这些特征之间的距离等相关参数，以构成一个可以代表人脸的特征向量，其特征分量通常包括两点间的欧式距离、曲率和角度等。在使用几何特征时最重要的一件事就是对图像进行适当的标准化。

第二，基于模板的方法。这类技术的核心在于利用整幅图像的灰度级模板。与基于几何特征的方法一样，图像首先需要进行标准化。最简单的模板匹配就是把一幅图像看作是强度值的二维排列，然后利用合适的尺度（典型的如欧几里德距离）与单独的代表整脸的模板进行对比匹配。基于模板的方法可以分为基于相关的方法、特征脸方法、线性判别分析方法、神经网络方法、动态连接匹配方法等。

第三，基于模型的方法。该方法利用数学模型将具有不同人脸尺度和人脸方向的实例信息合并，故相对基于模板的方法来说，该方法对于自然的人脸变形和光照条件具有更大的弹性。基于模型的方法利用模型参数来进行人脸识别，其典型方法是基于隐马尔可夫模型的方法。

人脸识别作为图像分析和理解领域最成功的应用之一，近年来受到了人们的广泛关注。这一点从1997年以来的人脸识别（如International Conference on Audio- and Video-Based Authentication，AVBPA）国际会议和自1995年以来的自动人脸识别和手势识别（AFGR）国际会议上得到证实。从国外研究来看，1993年美国国防部启动了 FERET（face recognition technology）项目，包括大型人脸库识别、多时间跨度人脸图像的识别和姿态变化的校正，以及 FRVT（facial recognition vendor test）等[①]。这种趋势至少是两个原因推动的：第一个是广泛的商业、执法、安全应用，第二个是30年研究之后可行技术的效用。近年来，基于视频的人脸建模/跟踪、识别和系统集成的研究得到了广泛的关注。（Zhao, W., Chellappa, etc., 2003）

表2　人脸识别技术的应用领域

| 领域 | 应用 |
| --- | --- |
| 娱乐 | 视频游戏、虚拟现实、远程授课、人机互动 |
| 智能身份卡 | 驾照、移民、身份证、签证、选举、福利 |
| 信息安全 | 设备的家长保护、登录个人电子设备、文件加密、电子医疗记录、数据库安全等 |
| 执法 | 视频监控、疑犯追踪、案件后续分析 |

此外，人脸识别技术的研究也不断地从图像处理、模式识别、神经网络、计算机视觉、计算机图形学、心理学等学科中吸引研究者。人脸识别技术得以迅速发展，主要有三方面的因素起着推动作用：人脸识别算法的进步，大型人脸图像数据库的获得，

---

① FRVT 是由美国 NIST 组织的在人脸识别工业界最权威的人脸识别技术评测，已连续举办了 FRVT2000、FRVT2002 和 FRVT2006 三届测试。该测试主要面向人脸识别技术的供应商，在 FRVT2006 才鼓励学术研究机构参加该测试。FRVT2006 共有来自10个国家的22个单位参加，国际著名人脸识别公司如德国的 Cognitec System GmbH、美国的 Identix Inc、美国的 Viisag 以及2016年被 Google 收购的 Neven Vison；学术研究机构包括美国的卡耐基·梅隆大学、新泽西理工学院、休斯顿大学及中国的清华大学等。

以及对人脸识别算法进行综合性能评测的方法。由于人脸识别技术以大量的图像数据作为研究基础，而现有的人脸图像库在规模、变化条件上都存在很多不足。（张晓华，2004）尽管当前的机器识别系统已经达到一定的成熟度，但它们的成功受到许多实际应用所施加的条件的限制。例如，在室外环境中获得的人脸图像的识别、照明或姿态的变化，精确测量三维人脸识别，仍然是未解决的问题。换言之，当前的系统仍然远远离不开人类感知系统的能力。因此，建立一个大规模、图像条件丰富的人脸图像数据库，提出算法并建立新的系统，将会对人脸识别技术的发展起到积极的促进作用。

## （二）近红外光谱成像：多人在场同步交互的考察

认知神经科学的发展经历了三个主要阶段：第一阶段即经典认知神经科学，专注于探索和发现个体大脑专门化的脑区以及人脑对个体内部世界及外界刺激的反应。第二阶段是社会认知神经科学，其主要目标是考察个体在分析处于社会交互情境中的大脑活动。随着社会认知神经科学的发展，研究者发现，只能测量单个个体在社会互动下大脑活动具有局限性。一种新的、可同时研究多个处于互动中的大脑神经活动的范式应运而生。这一新的研究范式即多人同步交互记录，构成了认知神经科学发展的第三阶段（Scholkmann，Holper，Wolf & Wolf，2013）。

Funane、Kiguchi、Atsumori、Sato 和 Kubota（2011）首次使用功能性近红外光学成像（Functional near-infrared spectroscopy fNIRS）的方法进行了多人同步交互记录研究。迄今为止，使用 EEG、fMRI 以及 fNIRS 的研究都揭示了大脑间的神经耦合（brain to brain coupling）现象，并认为这一现象是不能由单个大脑对社会互动类任务的反应所解释的（Chatel-Goldman, Schwart & Congedo, 2013）。因此，社会神经科学要继续发展，必然需要改进研究范式，将被试从被动的观察者的角色转变到真实社交情景中的主动参与者（Hasson, Ghazanfar, Galantucci & Keysers, 2012）。同时测量两名或多个个体的大脑活动并对个体脑间神经耦合进行量化分析是实现这一目标的关键技术。

功能性近红外光谱成像（fNIRS）是近年来发展起来的一种光学脑成像技术。该技术使用 2～3 个波长的近红外光（波长 700～1000nm），通过光源光纤照射到人头皮表面，并较好地穿透头皮、头骨进入大脑皮层，经过组织吸收、散射后返回头皮表面的接收光纤。被检测的光学信号中含有皮层的光学参数，通过一定的物理和生理模型，可转化为大脑皮层的血液动力参数，如血红蛋白浓度。fNIRS 具有较高的时间分辨率、可以接受的空间分辨率以及检测的无损性。此外，fNIRS 设备在价格、操作便利性、可移动性以及对头部移动的容忍度上均有很大优势，由于不用在封闭的空间下进行实验，fNIRS 非常适合研究自然情境下的人际交互。

相比于社会神经科学的传统范式，多人同步交互记录（hyperscanning）的优势在于以下几方面。第一，多人同步交互记录，不同于传统的社会神经科学的研究中所使用的"人—机互动"的范式，该方法使用"人—人互动"的范式，研究在社会情境互动 中双人或是多人的反应。第二，发生在真实生活中的互动会呈现出比实验条件下的人—机互动更为复杂的模式，多人同步交互记录可以同时测量互动双方行为和心理的交互影响。第三，多人同步交互记录的范式具有比传统范式更高的生态效度，人—人社会交互所反映出的个体的行为反应与大脑机制相较于人—机互动更加接近于真实情境之下的个体反应。此外，基于其可以同时记录多人的共同反应，还可以促进群体在社会情境中的行为与心理机制的相关研究。（郭欢等，2017）

（三）MMN 脑认知机制分析：对用户信息处理方式的洞察

随着新媒体技术的发展，不同的信息终端层出不穷，传统的信息载体的地位受到了严重挑战，尤其是以电子墨水技术（E-ink）为代表的电纸书的出现，如亚马逊推出的 Kindle 等。

1964 年，加拿大学者麦克卢汉在其《理解媒介》一书中，提出了惊世骇俗的论断——媒介即信息，即认为信息渠道本身的介质特征对于人们接收信息乃至社会认知的习惯的形塑具有重要的影响。换言之，经常读报纸的人，其思维习惯和经常看电视的人思维习惯存在差异。麦克卢汉认为，人类传播史从口语转向书面语和印刷后，视觉被突出强调，并且从整体感觉中分离出来，从而影响了人们对世界的观察偏好，也影响了人类的思考偏好，使思想变成单一线性的、连续的、规则的、重复的和逻辑的。印刷媒介带来专业和技术的分化，同时也造成了疏离感与个人主义；就社会层面而言，印刷媒介使国家产生，并最终导致民族主义的高涨，而以电视为代表的电子媒介却扭转了视觉空间的感觉分裂，人类重新部落化，个人与环境合为一体。

除此论断之外，麦克卢汉还提出了"冷媒介"和"热媒介"之分。他依据媒介提供信息的清晰度和明确度，以及信息的接受者在接受和理解信息时的参与程度，对媒介进行了冷和热的划分。具体来说，热媒介要求的参与程度低，冷媒介要求的参与程度高，要求受众完成的信息多。热媒介具有排斥性，冷媒介具有包容性。在麦克卢汉的理论里，任何热媒介容许的参与程度，比冷媒介容许的参与程度都要低。

综合麦克卢汉的理论，我们可知，媒介作为大多数现代公众了解过去、现在和未来的主要信息来源，在很大程度上构建了人类对于现实社会的认知和模式，也告知了人类社会生活的标准和规范。借助媒介所进行的间接认知方式，已经成了现代人最主要的认知方式。在这一过程中，媒介时时刻刻形塑着人们的认知偏好、信息处理方式和思考方式。同时由于不同媒介的介质属性不同，对人们感官的介入程度不同，人们基于不同媒介所产生的对事物的认知和体验也有所不同，媒介特性对于个人认知的影响起着决定性的作用。

然而，麦克卢汉的言论仅是建立在他个人经验主义和异人的天赋基础上的主观判断，是一种占卜式的预言，没有做任何论证和解释，因此其科学性和严谨性也一直以来受到后人的质疑。而目前的脑认知机制分析的相关研究，则一定程度上验证了麦克卢汉的预见。

本研究主要考察的是人们在通过报纸和电纸书两种介质阅读相同新闻信息时的脑对听觉信息的自动处理过程，因此采用听觉诱发电位中经常使用的 ERPs 成分 MMN 作为衡量指标，测量被试在一个相对轻松自由的环境中，在阅读相同信息内容的报纸和电纸书条件下对外界听觉信息的自动加工能力，从而评估不同介质的媒体对人信息处理机制的影响。MMN（mismatch negativity，失匹配负波）是一种内源性事件相关电位的重要成分，是一个大脑感觉信息加工的电生理学测量指标，主要运用听觉 Oddball 试验模式，在标准声音刺激中，随机插入偏差刺激，分别在被试双耳中呈现，同时被试在进行一个作业任务，无论注意与否，不需要被试的主动参与，一般出现在刺激后 100~250 毫秒左右，为负波。MMN 与大脑皮层对感官信息主要是听觉信息早期预处理活动——感觉记忆有关，反映了听觉皮层和临近颞上回皮质的激活过程，即反映的是被试在进行作业任务时受干扰的程度，反推其完成作业任务时的注意程度和信息认知过程。

研究同时采用知觉学习的范式，要求电纸书组的被试每天在封闭的空间内独立接触电纸书 2~3 小时，并持续一周，从而最大程度上降低被试由于对电纸书的新鲜感引起的脑认知功能的可能性变化。基本假设为：若报纸和电纸书这两种介质阅读相同新闻信息时的大脑对听觉信息的自动处理过程一致的话，MMN 将完全一致，不存在显著性差异，从而验证报纸和电纸书对人的认知能力的影响不存在差异；若报纸和电纸书两种介质阅读相同新闻信息时的大脑对听觉信息的自动处理过程不一致，MMN 将存在差异，从而验证报纸和电纸书对人的认知能力存在差异。

经过试验发现，一是不同介质的媒介的确影响了人们的信息处理方式和行为。通过本研究，可以得出阅读电纸书过程中的 MMN 小于阅读报纸时的 MMN，虽然并不存在显著性差异，但结合脑区反应变化规律，可以认为当人们在借助不同介质进行阅读行为时，行为人的信息处理方式和机制的确存在不同，由于被试组主要选取的是大学生，这一类人群对纸质阅读习惯还保持着一定的惯性，加上传统新闻阅读主要是依靠报纸这一介质来实现的，因此表现为报纸更适合于新闻阅读，但还不能充分表明报纸阅读优于电纸书或者电纸书优于报纸阅读，哪种介质更加适合目前电子化思考方式和信息处理方式，目前的实验还不能给出一个直接答案，这也是后面的实验需要进行补充和完善的。

通过研究，冷热媒介的概念得到了验证，即不同媒介由于其介质属性的特征会调动人们不同程度的信息处理方式和精力资源的投入。通过研究，可以得出被试在借助不同介质进行阅读行为时，由于介质本身的物理属性，被试投入到信息处理上的注意力资源存在差异，进一步验证了冷热媒介概念的科学性。但是，至于哪种介质投入的程度更多，多多少，目前的实验还不能完全回答这个问题。另外，实验验证了纸质报纸和电子阅读器两种介质对于人们的阅读行为的确存在差异，但随着 iPad 产品在全世界的普及和大规模应用，iPad 正逐渐成为取代电子阅读器的新的电子介质，并且两者均属于电子介质的范畴，电子阅读器和 iPad 之间是否存在显著性差异，差异性何在，也需要后续进行进一步引入和验证。

借助已有的手段和路径，传播学能够继续比较话语表达方式和书写方式的变动引发的受众反应。同样，视觉空间选择性注意研究和声音注意力研究也是传播内容研究可以借鉴的重要方面，例如对于版面的构成、网页视觉中心的考察以及声音组合排布对于被试的吸引力等，均可参照认知神经科学在认知方面的相关成果展开研究。

未来，可以使用该研究范式研究不同内容的信息（如硬新闻和软新闻等）和呈现形式不同的信息（如同一信息不同的行文风格等）对人的认知神经等的影响研究，如关于人对娱乐信息、社会信息、经济信息等的认知神经机制研究；相同信息量的平面媒体中广告的不同位置造成的脑神经指标的变化等。

## 二、认知神经传播学实验的研究应用层面

### （一）传播渠道研究

加拿大学者英尼斯开启的"媒介决定论"学派看到了媒介超越传递信息渠道的意义。英尼斯站在人类发展史的高度，以媒介作为文明分期的依据，将人类历史分为9个时期。英尼斯的学生麦克卢汉继承老师的传统，用"媒介即信息"的论断高度概括了传播媒介在人类社会发展中的地位和作用。该论断强调媒介最重要的作用就是"影响了我们理解和思考的习惯"。因此，对于社会来说，真正有意义、有价值的"信息"不是各个时代的媒体所传播的内容，而是这个时代所使用的传播工具的性质、它所开创的可能性以及带来的社会变革。不过，英尼斯与麦克卢汉虽指出媒介宏大的社会历史意义，但却未找到媒介在个体层面上"影响我们理解和思考习惯"的物质基础。随着脑科学的发展，越来越多的研究者开始关注大脑加工不同媒介信息的机制问题。Julien Besle、Alexandra Fort 和 Marie — Helene Giard（2005）比较了由非言语视听偏差刺激在视觉标准刺激、听觉标准刺激及视听标准刺激条件下各自引发的失匹配负波（MMNs），并发现，三种条件下的视听偏差刺激均产生了感知特殊性的失匹配负波，而这种失匹配负波包含了视听两种感知成分，在失匹配负波出现之前，视觉与听觉信息便已经产生了交互作用，这种视听双通道刺激下产生的失匹配负波与视觉、听觉两种感知特异性的失匹配负波的

简单叠加是有显著差异的，证明了视觉和听觉加工进程并不是各自纯然独立的。Joel Geske 和 Saras Bellur（2008）采用 EEG 技术，基于 Bottom-up 和 Top-down 的范式研究人们在观看呈现在纸张与计算机 CRT 屏幕上的信息时，大脑信息加工机制的不同。研究发现在 50 毫秒"自下而上"的注意阶段，印刷媒介与 CRT 屏幕所引发的视觉信息加工机制不同。印刷媒介与 CRT 屏幕 250 毫秒"自上而下"的注意机制也存在显著差异。与此相类似，中国人民大学传播与认知科学实验室（2010 年）所开展的一项基于 MMN 的实证研究证实了纸质报纸与电纸书报纸有着不同的脑认知机制。上述三项实证研究在一定程度了验证了麦克卢汉有关冷热媒介的假说，证实了不同媒介的确会影响人类大脑处理信息的方式。

## （二）传播内容研究

最常见的传播内容是由图像、声音和文字以及这三者的组合构成的，这些基本的传播内容要素也已经大量被神经科学及心理学所探讨过。

在文字信息方面，研究者们探讨过不同的句法、语义组合引发的被试的脑活动变化，例如，O. Hauk 和 F. Pulvermuller（2004）研究了印刷词汇的长度和出现频率引发的事件相关电位并发现，长的词汇引发了最强烈的早期电位（刺激出现后 100ms 左右），而短词汇则在稍晚些时候引发了最强烈的反应（刺激呈现后 150~360 毫秒）。高频率呈现的词汇引发的电位幅度小于低频率词汇。研究结果证明，刺激词汇的长度和呈现频率对脑活动能够产生独立和附加的影响。Ohme（2011）以脑电前额不对称为诊断方法，来考察广告中"情感场景""产品—利益场景""产品场景"和"品牌场景"所引发的不同的情绪反应。中国人民大学舆论研究所传播心理实验工作室（2009）通过 ERP 实验确定和描述了恐怖启动信息与主信息的关系、被试的幸福感差异与恐怖启动信息加工的关系、三类恐怖启动信息的加工差异以及对于目标信息的加工特点。中国人民大学传播与认知科学实验室（2011）采用认知神经科学方法验证了植入式广告与硬广告在认知、态度、行为三个层面上有着不同的效果。研究发现：植入式广告更倾向于激发人的行为，而硬广告则更倾向于影响情绪反应。该实验室还对植入式广告的评价进行了一系列探讨，创建了信息自动觉察实验范式（passive detection paradigm，PDP），通过记录和分析与 PDP 任务相关的多导联脑电信号（EEG），提出了科学的客观评价指标——"倍指数"（Brain engagement influence，BEI），然后基于"倍指数"，以 5 秒硬广的广告效果为基线，建立起植入式广告的定价机制。此外，该实验室（2013）运用眼动技术，研究了不同形式的电视广告在吸引注意方面的不同表现。

## （三）传播对象研究

受众或媒介使用者的差异及群体划分一直是传播学研究的重要课题，过去的研究仅能通过观察、经验及被研究对象的自我报告来探索信息在不同性质群体中的传播效果，但这种报告和观察的可靠性却是难以保障的。

神经科学的手段则为研究不同群体的信息瞬时加工特点提供了便利条件，不同年龄、不同性格甚至不同种族、不同语境下的媒体使用者的信息加工差异与共性在脑电信号中将得到直观可靠的表现，例如媒介暴力研究。

有学者在研究儿童与成人加工字符串的差异时发现，具有较多词语知识的儿童对字符串具有更快更敏感的反应，但反应与成人的脑电信号成分有所不同，这说明早期的文化教育能够引发一些虽不成熟、但速度很快的字符串处理能力，即便儿童在这时候尚未形成词汇阅读能力。而研究结论也在某种程度上说明了，儿童的早期文字素养在很大程度上依靠对词汇的视觉熟悉度而非对词汇的专门化的语义方面的认知。因此词汇信息的出现频率以及与图片等形象化信息相匹配的呈现方式将直接影响儿童对特定文字信息的接受度。同样地，对不同年龄、不同种族和民族、不同语境、不同教育背景等人群的传播效果考察，有助于进一步探究媒介内容与信息接收对象之间的关联，进而解释特定传播效果的形成原因，以及更富有针对性地改进媒介内容和传播渠道。

（四）传播者研究

传播效果在很大程度上受到传播者的媒体形象与受众感知之间关系的影响，无论是作为最常见的传播者代表的主持人、记者，还是政治家及其他行业的领袖，如何通过特定的人际传播以及大众传播手段的组合以产生预期的影响力和传播效果，也是一个异常微妙的课题，传播者在受众头脑中所形成的第一印象、刻板印象、瞬时效果，以及在此基础上形成的中长期记忆与影响，均可借由神经科学的研究手段来辅助研究。使用 ERP、fMRI 等手段，通过观察被试在不同传播者形象刺激信息下的反应，能够推论总结出传播者在视觉听觉形象建构方面的一些共性规律。

### 三、认知神经传播学实验的协同优势

（一）打破目前传播学在研究方法、研究范式上所面临的双重困境，开辟认知神经传播学（Neuro-communication）的新领域

传播学本身是一门多学科交叉、渗透的边缘学科，传播学科建立的过程就是一场学术"圈地运动"。传播学四大奠基人有两人是心理学家（库尔特·卢因：把关人理论；卡尔·霍夫兰：说服研究和休眠效应）。心理学实验研究方法与问卷调查法、内容分析法并称为传播学三大实证研究方法。

时至今日传播学的发展面临着研究问题多元复杂和研究方法、研究范式双重匮乏的境况。但传播现象的多元和传播问题的复杂并没有带来传播学研究手段和研究范式的多元和精进。近一二十年来，传播学研究方法存在着"墨守成规"的尴尬现实，尤其是在网络、手机等新媒体技术产生和大行其道后，传播学所面临的"刻舟求剑"式的研究困境更日益凸显。显然，传统的调查法、内容分析法和古典实验法已不能够完全解决现实新媒介环境下的传播现象，传统传播学研究方法（如问卷调查法）受到质疑。认知神经学家的研究表明，人们对自己的需求，并非都是自知的。斯坦福大学的神经科学家 Steven Quartz 认为，不管调查问卷的效标有多么客观，最终仍然是经过大脑后期加工处理以后的判断，而实际上很多需求来自前期处理。哈佛商学院教授 Gerald Zaltman（2004）认为人们经常不知道自己知道什么，人们选择时只对自己的感觉忠诚。人类95%的想法来自潜意识，而传统研究方法基本上不触及潜意识层面。

对于人类而言，人脑是最终的"黑箱"，研究者以往只能通

过外围描述来推测人的行为动机或预测行为方向。认知科学是20世纪世界科学标志性的新兴研究门类，它作为探究人脑或心智工作机制的前沿性尖端学科，已经引起了世界范围内科学家们的广泛关注。认知神经科学致力于探索人们认知活动背后的脑神经机制，研究对象为感知觉（包括模式识别）、注意、记忆、语言、思维与表象、意识等，主要技术手段包括 Eye-move tracking（眼动追踪）、ERP（事件相关电位）、fMRI（功能性磁共振）、TMS（穿颅磁刺激）、PET（正电子发射断层扫描）等。

进入21世纪以后，随着认知神经科学的进步和脑活动测量仪器技术水平的进一步提高，认知神经科学在社会、心理、经济、文化、商业等诸多领域的应用也迅速发展起来，引起了有关学科的高度关注。目前，已经有明确学术称谓的交叉学科领域有神经社会学（Neuro-Sociology）、神经经济学（Neuro-Economics）和神经营销学（Neuro-Marketing）等。

（二）丰富传播学研究方法，为传播学研究拓展新的疆域提供方法论指导

如果将人类意识视为冰山露出水面之一角的话，人类潜意识则为掩藏于水平面之下的巨大冰山主体。此前囿于技术与研究范式方面的局限，传播学多采用问卷调查、内容分析等定量研究方法与访谈、民族志等质化研究方法采集人眼可见或被调查者自己能意识到的信息，对人类潜意识的研究几乎为空白。如今，随着认知神经科学理论范式趋于完善、技术设备越来越易于操作，已有可能将认知神经科学与传播学结合起来，以丰富传播学研究方法，为传播学研究拓展新的疆域提供新的方法论指导。

传播学研究方法的创新，实现了研究工具的革新，实现了传播学研究由"古典实验法"向"现代实验法"的演进，实现了传播学研究视角的转换。具体地说，传统传播学的研究视角和关注层面集中在宏观和中观效果层面，忽略了短期效果与瞬间效果等微观层面。认知科学在承认人类个性特质基础上，重视人类接受信息刺激时引发的普遍性差异，回归到人们对信息接收和认知的最初环节，能够很好地解决传播效果强弱之难题。

（三）深化对传播效果的研究，弥补现有传播效果研究所缺失的基础层面，并深化对传播效果内在产生机制的理解

在传播学五大传统研究领域内（传播者、传播内容、传播渠道、受传者、传播效果），传播效果研究尤受重视。传统的传播效果研究偏重短期、中期与长期效果，很少从脑科学层面关注瞬间效果——虽然瞬间效果是短期、中期、长期效果建立的基础；传统的传播效果研究亦较少从受传者（用户）大脑与心理层面上深刻理解传播效果产生的内在机制——虽然用户才是传播效果产生的重要起点。传统传播研究对瞬间效果及传播过程中人脑与心理机制的忽视一方面缘于潜意识相对于意识更难观察；另一方面则缘于在"点对面"的大众传播时代，传播实践活动长期以传播者为中心。

（四）积累用户洞察基础数据库，用丰富的数据库资源支撑学术研究与产业发展

社会科学研究经常遇到的一个瓶颈是缺乏所需的基础数据。该瓶颈常会阻碍一些非常具有创新性的研究设想投入实施。认知

神经传播学研究可以设置一项用户洞察常规研究，持续采集数据。与报纸、杂志、广播、电视等传统媒体不同，基于信息技术、网络技术、数字技术而发展起来的新媒体以互动、即时、移动、"点对点"等为特征，这就促使新媒体产品与服务更要建立在用户洞察基础之上，更要尊重人性需要，以人为本。"得用户者得天下"，因此不管是舆情分析与引导、互联网产品开发，还是 APP 界面优化、精准广告投放等均迫切需要用洞察用户的理论与技术支撑行业发展。洞察用户当然可以采用传统的问卷调查、焦点小组访谈等方法，但是由于用户并非能明确意识并清楚表达出自己的准确需求，因此上述方法在洞察用户方面的确常遭受力所不逮之困。业界亟需采用更触及人类需求与偏好基底的方法与技术去准确捕捉那些甚至连用户自己都无法意识到的真实意图。认知神经科学基于对人脑及人类心理的细致把握开展研究，可以满足行业应用之需。同时，亦会在满足行业需要的过程中，形成产、学、研间的正反馈关系。

## 四、媒体移动客户端用户体验效果评价的认知神经传播学模型

用户使用媒介产品 / 服务的体验到底怎样，最好的办法就是由用户评估，而非由媒体或者第三方调查公司总结用户的主观感受，因此突破意识层面，了解并掌握用户潜意识的真相成为研究用户体验的关键。因此，本研究以 EEG（脑电）、GSR（肤电）、EMG（肌电）、皮层溯源分析、双眼竞争等认知神经科学技术手段，结合传统的用户体验测评技术，考察注意度、唤醒度、记

忆度、回忆度和情感度等五个维度，通过一定的指标赋值构建用户体验新的综合评估指数——"UEI 指数"（User Experience Index），从而对媒介产品用户体验做出更为客观有效的测评报告。基于此，我们认为未来的媒介用户使用体验研究需实现以下几方面的突破。

首先，以产品或服务质量为关键自变量。从上文可以看出，用户使用体验研究中的自变量与因变量庞杂且相互交叉，在研究复杂的社会现象时，研究者应先确定少量关键自变量与因变量间的关系，然后，随着研究的深入，逐步扩展所研究自变量的规模。在以上各自变量中，我们认为，产品或服务质量是最为关键的自变量指标。

其次，对用户体验因变量进行科学的量化处理。国外有关用户体验的研究涉及面较广，包括政务、商务和服务领域，从认知、情感到环境要素进行全面讨论，从宏观和微观上为用户体验奠定了理论基础。而国内对该领域的研究才刚起步，研究多数还停留在概念的抽象理解阶段，缺乏完整的用户体验理论体系。未来的媒介用户使用体验研究有必要引入认知科学等科学方法。

最后，以心理学、社会学等领域内相关理论为研究的解释框架。目前学者关于用户使用体验的研究，多从技术的角度考察自变量与因变量间的关系，却不能对为何存在这种关系提供深度解释。解释框架还需依据心理学、社会学等领域内相关理论进行诠释。

## 第三节　媒介用户使用体验效果评价的技术现象学研究

### 一、"在场效应"视角下对于媒介用户体验的思考

（一）技术现象学视域下的"在场"效应

"在场"效应作为传播学中探讨"人—技术"关系的重要理论，在国内一直以来以感性的面目散见于各类文献之中；国外的"在场"研究开端很早，但实际上的理论突破也是在近几年出现的。笔者观察到，国外很多重要的梳理性的文献都产生于近两三年，本领域重要的学术会议 ICA（International Communication Association，国际传播学会）上关于"在场"研究的文章也逐年增多，如 Kurita 探索在场研究的情感维度[①]，Villi 研究移动虚拟传播中的在场效应[②]等。"在场"效应的研究日趋成熟。然而目前在国内学界，对于该理论的概念、流变以及测量维度的梳理等研究依然较少。

因此，在技术现象学的视域下，对于"在场"效应做概念史的梳理，分析概念的内涵演变与理论特质，并揭示其随着媒介技

---

① Kurita, S., "Presence, involvement and gender differences: how do emotional dimensions explain the mechanism of presence?" Paper present at the 2006 Conference of the International Communication Association, Dresden, Germany, 2006, April 30th.

② Villi, M., "You can show that hey, I'm here right now': mediated presence in visual mobile communication," Paper present at the 2011 Conference of the International Communication Association, Boston, USA, 2011, May 29th.

术的发展而延续和转向的流变趋势，将有助于传播学界对于媒介技术的再认知。

苏贾（Soja）曾说"空间和时间并不是社会活动空空如也的集装箱。时空既可以使得人类的行为成为可能，同时又约束着人的行为。"① 关于"在场"的论证一直是以"时空"为题的传播学研究——无论是媒介效果研究，还是受众研究——的相关论文中零散的片段，具体表现在：第一，并未把"在场"放在时空交织的经纬度下进行系统而专门的考察；第二，仅仅重视媒介这个单独的子系统，没有将"在场"扩展到对于"人—技术—社会"三者之间两两相关的互动的研究；第三，没有对"在场"的本质以及其在新媒体环境下研究的发展做出明确说明。

以上论述中所提到的缺陷，在技术现象学的一些命题中都能或多或少找到相应的启发与借鉴。从技术现象学的视域观照传媒产业的生态，"受众—媒介—环境"，或者说"人—技术—世界"是整个生态系统中相互关联的三要素，受众、媒介、环境三者之间，呈现出一种多样化的结构模式以及和谐共生的内在逻辑关系。"任何一种单因素决定论都会打破这一关系的结构平衡，进而导致人与技术的二元异化"② 。因此，这部分综述从技术现象学派的代表人物唐·伊德（Don Ihde）的"人—技术—世界"观说起，以及之后 Best 等人由此衍生出的"人—媒介—媒介世界—世界"的架构，同时探讨在场情境下技术隐匿"不在场"

---

① Soja, E., Postmodern Geographies: The Assertion of Space in Critical Social Theory, London: Verso. 转引自 [英] 尼克·史蒂文森：《认识媒介文化：社会理论与大众传播》，王文斌译，北京：商务印书馆，2013.

② 林慧岳、夏凡、陈万求：《现象学视阈下"人—技术—世界"多重关系解析》，《东北大学学报（社会科学版）》，2011：383-387.

的哲学依据。

早期哲学学者都或多或少注意到技术对于"在场"的影响。齐美尔在20世纪初写作《货币哲学》一书中，就谈及了"人—技术—世界"的关系。他认为仪器等工具的发明，导致"人—世界"之间拉近，其间"无穷无尽的距离已经借助于显微镜和望远镜被征服了"。海德格尔也认为电影和无线电的发展，不断消除着我们与世界之间的距离。梅洛—庞蒂在《知觉现象学》中提出，"例如盲人拐杖这样的工具是作为人体（body）的扩展来对待的，主题的这种经验通过拐杖来完成扩展。"但是他们对于器具使用的研究仅仅到此就浅尝辄止了。

在此之后，唐·伊德的创见在于他在对于技术的分析中，对前人的想象变更（胡塞尔）、知觉变更（梅洛—庞蒂）等给予扬弃，提出了他所需要的变更。曹继东评价说，"伊德技术哲学的最大贡献，是把技术现象学从形而上的思辨转向了对日常生活中技术问题的研究。"[①]伊德的"现象学还原"，开启了技术哲学的经验转向。

所谓技术观的核心，也就是我们说的"人与技术的关系"。唐·伊德的技术哲学认为纯粹的技术本身是不存在的，技术的存在基础存在于"人—技术—世界"的关系之中。伊德将"技术"这个维度引入"人与世界关系"的现象学讨论范畴之内，将技术作为一种中介的器具、一种关系性的存在。

伊德从知觉现象学出发对"人—技术／媒介"解释学关系的研究，讨论了人类对世界的感知及人的知觉与更广阔文化背景的

---

① 曹继东:《现象学与技术哲学：伊德教授访谈录》,《哲学动态》, 2006,（12）；31-36.

关系。他用"微观知觉"和"宏观知觉"来表达这种联系。伊德将技术(如媒介)所显示的世界称为"技术本文"[1],以此表明人类的理解和认识并非只被动依赖技术手段,而是有着理论前瞻的解释过程。

技术为人类创造出了无数的场景,伊德将这些场景分为四类[2]:

具身关系:(人—技术)→世界;

解释关系:人→(技术—世界);

他者关系:人→技术(—世界);

背景关系:人→(技术—世界)。

首先,技术联结了人与世界之间的关系,也将自身具像化了,器物并不单独地被注意到,而是被编织在人与世界的场景之中;其次,技术是人的延伸,这与麦克卢汉的说法异曲同工,而且技术是人类经验所能及的终端,在这种"他者关系"的场景中,人与技术也进行着互动;另外,"他者关系"中,技术获得了某种无法还原的"他性",就像人发明出最终能够与人类顶尖高手对弈的赛博格(cyborg)。

再次,在"解释关系"的层面上,技术为人类提供了一种现实的替代品,也就是李普曼所说的拟态现实,因此我们需要经由解释来构建"知觉"。就如同温度计只是显示一个数值,并不告诉我们实际温度的冷暖,这个数值需要重新被解释才能让我们对现实的温度有所了解。

最后,技术直接为人类创造出了一个场景,在这个场景中技术"不在场"。我们对于媒介技术进行现象学还原,发现这种"装

---

[1] 赵乐静:《技术解释学》,昆明:云南大学出版社,2011年,第39页。

[2] 〔美〕唐·伊德:《让事物"说话":后现象学与技术科学》,韩连庆译,北京:北京大学出版社,2008年。

置"使得信息与介质分离、功能与设备分离、信息环境与场所分离。[①]这就是为何媒介技术造就了"在场"，但自身却隐匿于环境之中。不过，技术不能被直接感觉到，但可能被间接感知，媒介技术所构造的场景成为人类生存的大背景。

由此，"人—世界"关系的中介也变成两个，媒介技术与媒介世界。三要素的关系便成为"人—（技术—媒介）—（媒介世界—世界）"之间的关系。

### （二）"在场"效应：一种概念史的梳理

"在场"理论，从 Short 等人在20世纪60年代提出开始，先后经历了四次理论发展的浪潮。由于这个概念与技术发展的历程相辅相成，因此每一次传播技术的突飞猛进，都会导致理论内涵与外延的一次不同程度的扬弃。而且，与之相关的测量方法、研究维度等，在每个发展阶段的表达也不尽相同。

概念史的方法，认为概念没有固定的含义或本质，而是有条件的变化实体。因此，概念史的基本研究任务是"研究在不同的时期，概念的定义是如何发生变化的，一种占据主导性定义的概念是如何形成的，概念又是在什么样的社会条件下被再定义和再概念化的。"[②]用概念史的方法梳理"在场"效应理论，一方面可以把目光聚焦到本研究的中心概念"在场"，梳理其发展沿革的历史，以及不同阶段研究维度的侧重点；另一方面，有助于梳理

---

① 沈继睿：《移动互联网的技术现象学分析》，《东北大学学报（社会科学版）》，2015（2）：111-116.

② [英]梅尔文·里克特：《政治和社会概念史研究》，张智译，上海：华东师范大学出版社，2010：2.

其发展嬗变的内在线索，将传播技术/虚拟技术这个维度，作为"在场"的发展背景，与在场效应理论的发展相互呼应、互为参照，并以伊德的技术现象学的视角，力图全面展现这一理论的脉络，并且对于当下的虚拟传播技术研究有所启发与关照。

1."在场效应"理论的发展历程

"在场"理论，可能是目前讨论最热的用来研究人类如何在网络空间内交往互动的理论。[①]然而，在这个理论从提出到现在的50多年里，一直处在不断的自我扬弃的变化之中，各个领域的学者对其也提出了纷繁复杂的概念定义和操作化解读。"在场"先后经历了四次理论发展的浪潮，每个发展阶段的代表人物与理论见解，如表3所示。

表3 "在场"理论发展的四个阶段

| 阶段 | 时间 | 代表人物及理论见解 |
|---|---|---|
| 第一阶段 | 1970—1980 | Short 等：社会在场感 |
| 第二阶段 | 1980—1990 | Draft & Lengel：媒介丰富度理论<br>Rutter 等：社交提示缺失理论<br>Walther 等：社交信息处理理论 |
| 第三阶段 | 1990—2000 | Gunawardena, Garrison："真实的人"，开始关照技术使用的主体 |
| 第四阶段 | 2000—今 | Biocca 等：虚拟现实<br>Poissant：既是效应也是感知 |

---

① Lowenthal, P. R., "The evolution and influence of social presence theory on online learning," in T. Kidd, ed., Proceedings of Online Education and Adult Learning: New Frontiers for Teaching Practices, Hershey, PA: IGI Global, 2010.

（1）第一阶段："在场"理论的提出

Short，Williams 与 Christie 于1976年提出了"在场"理论。当时他们的观点是，"在场"是电子媒介使用者在沟通时所能感知到的对方存在的程度。他们提出，不同的媒介在受众沟通时所扮演的角色不同，因而不同媒介所能促发的受众在场感的程度也不尽相同。[①]Short 等人首次将"在场"作为媒介技术的一种功能或者属性（quality），这种属性影响了受众通过媒介进行沟通与交往时所感知的特征。

在此基础上，他们重新定义了社交媒介中的"冷媒介"和"热媒介"，其中区分的一个重要因素就是视觉（visual）呈现[②]，随后又证实这种可视化呈现与情境有关[③]。早期的在场理论认为，能够促发高在场感的传播技术，例如视频沟通，属于人性化的、社交性强的"热媒介"；而带来在场感较低的传播技术，例如音频沟通，就属于人性化、社交性较低的"冷媒介"。

（2）第二阶段："在场"与多重理论的交织再造

在场理论与CMC（computer-mediated communication）的发展往往交织在一起，一些学者认为，1980—1990年代，当CMC理论发展遇到瓶颈的时候，学者们转而走向在场理论，为自己的

---

①　Short, J., Williams, E., & Christie, B., The Social Psychology of Telecommunications, London: John Wiley, 1976: 65.

②　Christie, B., & Holloway, S., "Factors affecting the use of telecommunications by management," Journal of Occupational Psychology, vol. 48, 1975, pp. 3-9.

③　Williams, E., "Medium or message: communications medium as a determinant of interpersonal evaluation," Sociometry, vol. 38, no. 1, 1975, pp. 119-130.

研究寻找理论意义 [①]，因而认为 CMC 是在场理论的一个阶段；更多的学者则认为，在场理论的提出虽然比 CMC 更早，但其发展的过程中，理论外延在不断变化，在一段时期内与 CMC 理论相互重合、相互借鉴，但在其他阶段两类理论又各有其研究的侧重点；同时，CMC 与在场理论都是非常庞杂的理论，其中有很多理论分支可以同时解释两个理论，比如社交信息处理理论等，也因此就这样沿用下来。

在 1980 年代，另外存在着三种理论分支，与 CMC 和 "在场" 理论交织在一起，它们分别是：媒介丰富度理论（media richness theory），社交提示缺失理论（cuelessness theory）以及社交信息处理理论（social information processing theory）。在这之中，"社交提示缺失理论" 重新验证并发展了 Short 在研究在场理论时提出的视觉因素的作用，而其余两者并未提到他们与之前的在场理论明显的继承关系；而前两者在发展过程中一直被认为有一定的缺陷，忽视了技术为中介而仅仅强调在场，是一种 "过于理想化" [②] 的理论模型。无论如何，这三者与在场理论的发展交织在一起，共同构成了 1980—1990 年代 "在场" 理论重构的序幕。

"媒介丰富度理论"，着重关注组织沟通媒介的选择，即 "媒介特征" 取向的社交信息的处理问题；其中 "丰富度" 指信息所承载的可以解读的含义的多少，即媒介潜在的信息承载量。一条

---

[①] Soja, E., Postmodern Geographies: The Assertion of Space in Critical Social Theory, London: Verso. 转引自 [英] 尼克·史蒂文森：《认识媒介文化：社会理论与大众传播》，王文斌译，北京：商务印书馆，2013.

[②] Thurlow, C., Lengel, L., & Tomic, A., Computer Mediated Communication: Social Interaction and the Internet, Thousand Oaks, CA: Sage, 2004, p. 196.

信息可以被解读的层次或者因素越多，那么它就被视作越丰富。[①]
正如 CMC 理论最初的研究侧重于沟通的背景与语境的研究一样，
媒介丰富度理论也意在回答以媒介为中介的传播过程中，信息
多歧义（equivocality）以及信息不确定（uncertainty）这两个问
题。当然，其研究缺陷在于未能以发展的视角看待媒介，将媒介
技术发展不完善时期出现的种种沟通问题，归结为以媒体为中介
构建的沟通环境不如传统的面对面交流更为有效。不过，在研究
中 Daft 与 Lengel 等学者也认为，如果提高媒介丰富度，例如增
强及时反馈、增加社交提示的数量、使其更加人性化，那么以媒
体为中介的人际传播也能达到与面对面沟通相似的效果。

　　"社交提示缺失理论"，主要是由英国肯特大学的 Rutter 等人
在20世纪80年代提出的，主要验证了在场理论中视觉因素所起
的作用。他们认为，之前的研究将视觉表达更多地局限于眼神交
流的作用，然而整个肢体语言所传达出的视觉系统，才是重要的
社交提示。因此，视觉因素并不仅仅停留在浅层的"看到"对方，
"感知"整个视觉社交提示并且及时得到"反馈"，才是真正起作
用的因素。另外，Rutter 还有一个有趣的发现，并不能充分说明
其"视觉表达和具身在场这两个因素只有同时叠加，才能够促发
在场感；仅仅存在一个要素则不可行"的片面假设，即在实验状
态下，人们身体不在同一个地点但使用视频沟通的情境中，比身
体处于同一地点但彼此不能看到对方的情景中，"在场感"程度

---

① Daft, R. L., & Lengel, R. H., "Organizational information requirements, media richness and structural design," Management Science, vol. 32, no. 5, 1986, pp. 554–571.

更加强烈。[①]

"社交信息处理理论"[②]，也被学者看作 CMC 理论成熟期的代表理论之一，这恰恰反映了 1980—1990 年这一阶段各种理论交织发展的时代特征。这个理论主要由目前在南洋理工大学工作的美国学者 Joseph Walther 提出，被认为是对于上述"过于理想化"的理论模型的修正[③]。Walther 顺应了传播技术发展的浪潮，重新将以传播技术为中介的沟通作为"在场"理论研究的主要情景。他认为如果学习时间足够充分的话，媒介技术所构建的沟通环境也可以是"人性化甚至是超人性化的沟通环境"[④]，与面对面交流的沟通质量等同，并促发同等的在场感[⑤]。

（3）第三阶段：回到"在场"本身

1990 年代之后，很多学者开始回到"在场"这个理论本身，探究当人们在网络空间沟通交流时，究竟是何种因素决定了"在

---

[①] Rutter, D. R., Looking and Seeing: The Role of Visual Communication in Social Interaction, London: John Wiley, 1984, p. 294.

[②] 洪俊浩、芮牮:《CMC 研究的现状与发展趋向》，载于《传播学新趋势》，洪俊浩主编，北京：清华大学出版社，2014 年（Social information processing theory，又译"社会信息处理理论"，也被看作是 CMC 理论成熟期的代表理论之一。考虑到这一理论研究多用于人际传播，因而此处认为翻译成"社交信息处理理论"更为恰当。

[③] Soja, E., Postmodern Geographies: The Assertion of Space in Critical Social Theory, London: Verso. 转引自[英]尼克·史蒂文森:《认识媒介文化：社会理论与大众传播》，王文斌译，北京：商务印书馆，2013.

[④] Walther, J. B., "Interpersonal effects in computer-mediated interaction: a relational perspective," Communication Research, vol. 19, 1992, pp. 52 - 90.

[⑤] 沈继睿:《移动互联网的技术现象学分析》，《东北大学学报（社会科学版）》，2015（2）：111-116.

场"的感知与程度。① 因此，学者们开始重新继续 Short 等人的理论进行发展。他们认为，早期的"在场"理论过多关注技术属性本身，那些被过滤掉的受众层面的因素也是影响"在场感"的重要方面。有学者发现，如果受众在网络沟通中更多地展现自己作为真实人的一面，例如运用表情、讲故事、幽默等，也会增加交流场域中的在场感。这就开启了"在场"研究的技术与受众并行的新阶段②。

在理论发展过程中，学者们基本上已经达成共识，认为在场（presence）、社交在场（social presence）、共同在场（co-presence）、电子媒介在场（telepresence）、媒介化在场（mediated-presence）等提法基本上没有太大的区别。③ 当然也有学者对此做出了区分，不过我们依旧沿袭之前的说法，统称为"在场"。

Gunawardena 对于在场理论的研究深受1980年代 Walther 的影响，开始探索技术主导下"新在场理论"的概念化操作。Lombard 和 Ditton 总结了"在场理论"大致包含的几个研究领域（尽管这几个领域之间也相互交织），分别是在场与媒介丰富度、在场与社会实在论、在场与传播中介、在场与沉浸感、在场与以媒介为中介的社会交往主体、在场与技术作为主体的传播，并且

① Danchak, M. M, Walther, J. B., & Swan, K. P., "Presence in mediated instruction: bandwidth, behaviour, and expectancy violations", Paper presented to the annual meeting on Asynchronous Learning Networks, Orlando, FL. 2001, November.

② Tu, C. H., "On-line learning migration: from social learning theory to social presence theory in a CMC environment". Journal of Network & Computer Applications, vol. 23, no. 1, 2000, pp. 27-37.

③ Soja, E., Postmodern Geographies: The Assertion of Space in Critical Social Theory, London: Verso. 转引自[英]尼克·史蒂文森：《认识媒介文化：社会理论与大众传播》，王文斌译，北京：商务印书馆，2013.

把在场定义为一种"无媒介感的错觉"（non-mediation）。[1] 对此，Gunawardena 给出的定义是"人们在以媒体为中介的传播环境下，被看作是'真实的人'（real person）的程度"[2]；而 Garrison 等人则更多地强调受众的主动意识，认为"在场"是"将自我的社交与情感投射到网络空间中，多大程度上被他人当作'真实的人'的一种能力"[3]。

（4）第四阶段：虚拟"在场"的新发展

进入21世纪以来，支持多媒体和多样化交流模式的新型网络技术日新月异，特别是虚拟技术的发展，几乎完全取代了传统以文字为中介的网络媒体——早期"在场"产生的技术时代背景——的地位。[4] 但是如果仅仅因为传统理论体系不能跟上时代的发展就忽视甚至否认之，不免有因噎废食之嫌。正如 Walther 等学者所言，及时更新理论体系，探索新的研究方法才是适应新

---

[1] Lombard, M., Ditton, T. B., Crane, D., Davis, B., Gil-Egui, G., Horvath, K., Rossman, J., & Park, S., "Measuring presence: a literature-based approach to the development of a standardized paper-and-pencil instrument", Paper presented at the Third International Presence Workshop, Delft, The Netherlands, 2000.

[2] Gunawardena, C. N., "Social presence theory and implications for interaction and collaborative learning in computer conferences", International Journal of Educational Telecomunications, vol. 1, no.2/3, 1995, pp.147 - 166.

[3] Garrison, D. R., Anderson, T., Archer, W., "Critical inquiry in a text - based environment: computer conferencing in higher education," The Internet and Higher Education, vol. 2, no. 2/3, 2000, pp. 87 - 105.

[4] 37 Ramirez, A. & Walther, J., "Information seeking and interpersonal outcomes using the Internet," in T.D. & W.A. Afifi, eds., Uncertainty, Information Management, and Disclosure Decisions, NY: Routledge, 2009, p.67.

技术时代、取得理论发展的关键。①

互联网已经成为整个社会的基础设施之一。高速、互动、沉浸感的设计为电子虚拟空间的在场提供了更为有效的平台。虚拟技术，成为"在场"理论整合与发展的一个崭新的时代契机。②"在场"效应主要是由传播过程中技术使用者接触到的界面所影响和形塑的。现今的技术发展程度，不论是文字、视频，还是可视化图像、全息图景，都是这种界面技术的代表。新的技术更加倾向于促发在场感，用户在场域中的行为，比如信息流通、交友、决策等，也更加如鱼得水。我们把这种能够促发实时交往的在场感的技术，称为"在场技术"（social presence technologies），包括工作场合中所使用的交互媒介、远程会议系统、手机与无线通信设备的无时无处伴随、3D虚拟环境等。因此，技术使用者的态度行为、媒介界面的特质、虚拟现实等都成为新阶段研究"在场"的学者们所关注的焦点问题。

至此，学者们抛弃了早期一维的定义（如表4所示）。Sallnas 等人将在场等同于"在传播过程中意识到他者的在场"③；Biocca 等人将"在场"定义为"通过传播媒介对于他者的感知"（sense of another

---

① Walther, J., Ven der Heide, B., Hamel, L., & Shulman, H., "Self-generated versus other-generated statements and impressions in computer-mediated communication: a test of warranting theory using Facebook," Communication Research, vol. 36, no. 2, 2009, pp. 229-253.

② Biocca, F. & Levy, M. R., Communication in the Age of Virtual Reality, Hillsdale, NJ: Lawrence Erlbaum Associates, 1995.

③ Sallnas, E. L., Rassmus-Grohn, K., & Sjostrom, C., "Supporting presence in collaborative environments by haptic force feedback," ACM Transactions on Computer-Human Interaction, vol. 7, no. 4, 2000, pp. 461 - 476.

through a medium）①，这种感知中的"他者"分为两类：一种是他人，即"感觉和他人同处于一个场域中"（being with another）；另一种是情境，即纵使身处不同空间但仍然"感觉身临其境"（sense of the place）。这也是本研究试图采用的较为全面且前沿的对于"在场"的定义。

另外，在新阶段还有一个重要的研究理念转变是，将"在场"理论置于更大的研究视域中进行关照。如同芬伯格所言，"技术总是嵌入在社会关系更大的框架之中"②，在场理论可能会引发我们对于非语言交际和人际交往的本质产生更深入的认识。如果我们想要回答在建立与他人和世界的关系中，最基本的问题是什么，我们必须先回答在人与人的沟通中支撑我们建立共在感的因素是什么，这也是人际交往中建立共识的一个先决条件。其中最重要的就是现象学 / 传播技术哲学视域的引入，以研究虚拟空间中的在场问题③，以及心理学视角下对于受众虚拟在场感的测量④。

① Biocca, F., Harms, C., & Burgoon, J. K., "Toward a more robust theory and measure of social presence: review and suggested criteria," Presence: Teleoperators & Virutal Environments, vol. 12, no. 5, 2003, pp. 456–480.

② [美]安德鲁·芬伯格：《技术批判理论》，韩连庆、曹观法译，北京：北京大学出版社，2005年。

③ Lauria, R., "Virtual reality: an empirical–metaphysical testbed. Journal of Computer Mediated Communication," Retrieved from SSRN: http://ssrn.com/abstract=1872267, vol. 3, no. 2, 1997.

④ Freeman, J., Avons, S.E., Pearson, D., Harrison, D., & Lodge, N., "Behavioral realism as a metric of presence," Paper presented at the First International Workshop on Presence, University of Essex, Colchester, England, 1998.

表4　新阶段代表学者对于在场的定义

| 学者 | 观点 |
| --- | --- |
| Heeter（1992） | 身临其境感的程度及原因 |
| Steuer（1992） | 受众通过媒介化的环境沟通，而并非物理环境的程度 |
| Kim（1996） | 受众将媒介环境中的事物或事件与现实生活中的事物或事件等同，并且促发真实的生理和心理反应 |
| Lombard & Ditton（1997） | 媒介环境与现实环境等同的幻觉 |
| Freeman，Avong，Pearson，& Ijsselsteijn（1999） | 一种主观的沉浸感或卷入感 |
| Biocca（1997；2001） | 在虚拟世界中与他者共存的感觉 |

## 2. 在场效应测量的发展历程

在场效应的测量经历了从一维到多维，从测量媒介特质到测量"在场"现象的转变。

很多学者逐渐意识到，Short 等人仅仅讨论了哪些媒介能够引发在场，而哪些不能。这类研究只讨论了媒介的一维特质。从20世纪90年代开始，在理论发展的第三阶段到第四阶段，学者们开始更多地关注媒介使用者的认知、态度和行为。近年来，在场已被用来作为一个概念来探索人际传播。[①] 对于"在场"的测量，开始进入一个多维的探讨趋势。

不过，这一阶段对于"在场"的探究中，与连通感（connectedness）、社交亲密感（intimacy）、直观性（immediacy）等相关概念也往

---

① Gooch, D. & Watts, L., "The impact of social presence on feelings of closeness in personal relationships," Interacting with Computers, vol. 27, no. 6, 2015, pp. 661–674.

往混杂在一起。[①]Rice 发展了 Short 等人的观点，认为"在场"与两个心理学概念有关，即亲密性和直观性[②]。一些研究通过测量表情肢体等副语言来描述亲密感；另外一些研究通过社交线索的心理距离来测量直观性。也有学者认为，"虽然亲密性、直观性、卷入度等都可以用来描述受众的行为，但是这些指标同样可以用来描述受众的认知状态，描述他们互动关系的过程中所感受到的在场的程度"[③]。Palmer 对于在场的定义是一种"相互依赖的、多渠道的有效互动行为"[④]，这就隐约开始了"在场"将行为要素纳入其中的研究。

不过，这一阶段研究者们大多数采用自我报告式的问卷设计，研究设想也很简单，比如受众运用媒介技术参与了某社交行为，他是否会感到其他人的在场。例如，Heeter 就简单统计了在参与者中在线玩游戏的人的比例，然后询问这些人感受到他人在场的程度。[⑤]当然也有心理学实验的应用，例如测量心率、皮肤、fMRI 等指标。然而这些心理指标的使用效果并不尽如人意，无

---

① Wrench, J. S. & Punyanunt-Carter, N. M., "The relationship between computer-mediated-communication competence, apprehension, self-efficacy, perceived confidence, and social presence," Southern Communication Journal, vol. 72, no. 4, 2007, pp. 355-378.

② Rice, R., "Media appropriateness: using social presence theory to compare traditional and new organizational media," Human Communication Research, vol. 19, 1993, pp. 451-484.

③ Palmer, M., "Interpersonal communication and virtual reality: mediating interpersonal relationships," in Biocca, F. & Levy, M., eds., Communication in the Age of Virtual Reality, Mahwah, NJ: Lawrence Erlbaum Associates, 1995, p. 284.

④ Sallnas, E. L., Rassmus-Grohn, K., & Sjostrom, C., "Supporting presence in collaborative environments by haptic force feedback," ACM Transactions on Computer-Human Interaction, vol. 7, no. 4, 2000, p. 291.

⑤ Heeter, C., "Being there: the subjective experience of presence," Presence: Teleoperators and Virtual Environments, vol. 1, 1992, pp. 262-271.

法明确地衡量技术中介的在场感，因为我们在与人互动的同时都会有一定的心理生理指标变化，但是无法明确区分出哪一系列的生理特征指标是用来反映"在场"的。

这也反映了在这一阶段，学者们普遍认同"在场"并不是不言自明的一种事实，而是一种受众的心理感知或者行为，需要更为细致的研究；即所研究的不是"在场"或"不在场"，而是多大程度上的"在场"，也就是在场的测量。

另外，学者们还提出了另外一个值得思考的问题，即"在场与在场效应之间的区别是什么？"① 大多数研究者可能会同意，"在场"作为一种社会状态和心理状态，与可以被测量的在场的相关性和影响即"在场效应"，应该是不同的。但是，如何明确地划定两者之间的界线可能是很难做到的。"在场"是一种交往中流动的状态，受媒介技术的制约或者增强。但在互动过程中，这种暂时性与波动性的状态，可能会形成一种长期的判断或依赖。总体来说，我们能够试图测量的在场效应是一种测量目的或者说一种社会判断。同样地，"在场"究竟是一种媒介技术的特质，还是媒介使用者所感知的一种状态？这个问题是否明晰，是"在场"发展的各个阶段中都反复探讨的。关于早先阶段"在场"测量的几个维度②，在表5中可以一窥。

---

① Tu, C. H., "On-line learning migration: from social learning theory to social presence theory in a CMC environment". Journal of Network & Computer Applications, vol. 23, no. 1, 2000, pp. 27–37.

② Tu, C. & McIsaac, M., "The relationship of social presence and interaction in online classes," American Journal of Distance Education, vol. 16, no. 3, 2002, pp. 131–150.

**表5 早先阶段"在场"测量的几个维度**

| | 维度 | | |
|---|---|---|---|
| | A. 社交情境 | B. 网络传播 | C. 人际互动 |
| "在场"测量变量 | 熟悉 / 陌生 | 技术的运用熟练度 | 实时互动 |
| | 积极 / 消极 | 运用表情等副语言 | 正式 / 非正式 |
| | 信任度 | 传播界面的特质 | 人群数量 |
| | 对于技术的态度 | 语言技巧 | |
| | 个人特质 | | |

在理论发展的第四阶段，学者最有可能使用多种混合方法测量在场效应，并且集中于对"在场"所存在的场域和空间情境的研究。[①] 也有学者认为，如果"在场"效应成立的话，那么人们对于虚拟的刺激反应，应当等同于现实中的刺激反应。[②] 对于空间在场感，学者们也提出了多种测量的方法。基于 Biocca 等人关于在场是一种持续的体验或感受的判断，一直以来，学者们采用的研究方法都是以自我报告的方式为主，主要分为以下几种。

第一种是问卷法。其一是"在场问卷"（presence questionnaire，PQ）[③]，主要用于测量沉浸于虚拟空间的受众所体验到的在场感的强度。Witmer 等人运用 PQ 测量表，验证了在场效应与虚拟空间眩晕感（simulator sickness）的关系。更新后

---

① Swan, K., & Shih, L. F., "On the nature and development of social presence in online course discussions," *Journal of Asynchronous Learning Networks*, vol. 9, no. 3, 2005, pp. 115–136.

② Freeman, J., Avons, S. E., Meddis, R., Pearson, D., & Ijsselsteijn, W. A., "Using behavioral realism to estimate presence: a study of the utility of postural responses to motion stimuli," *Presence: Teleoperators and Virtual Environments*, vol. 9, 2000, pp. 149–164.

③ Witmer, B. G., & Singer, M. J., "Measuring presence in virtual environments: a presence questionnaire," *Presence: Teleoperators and Virtual Environments*, vol. 7, 1998, pp. 225‒240.

的 PQ 量表包含29项、4个因子，分别为卷入度、沉浸度、媒介保真度、界面质量。其二是"两项问卷"，第一项直接询问参与者在场感的程度，题目是"如果将在现实世界的感受打分为100，没有在场感的话为1，那么请您为在虚拟世界的在场感打分"；第二项则运用五级量表，请参与者选择在虚拟环境中在场感的强度。这是典型的自我报告的方式。这种测量方式的显著度较高，但是测量的样本量较小，而且第一项自我报告的题项不易理解，填答时的模糊度较高。

第二种方法是实验法。在之前的研究中，实验设定是将面对面的沟通与音频为中介的沟通作为相对照的实验情景，研究认为视觉表达将会是影响人们沟通方式和结果的重要因素。例如，Rutter 等人在研究中引入了一个2×2+2×4的实验，首先将实验情境分为盲视和可视两组，盲视组沿循之前的研究对比面对面和音频沟通的效果；可视组比较四个实验条件：面对面、音频沟通、被试共处一室但中间有遮挡物的沟通、被试分处不同地点通过视频沟通。研究发现视觉表达和具身在场这两个因素只有同时叠加，才能够达到最强的在场感，影响交流的方式和内容。如果缺乏视觉表达这一社交提示的关键因素的话，社交的心理距离会显著增加；社交提示缺失得越多，沟通交流越呈现冷冰冰的非人性化状态。①

SUS 量表也是实验法的一种，研究者运用七级量表，测量三个维度：虚拟世界的在场感、虚拟环境成为主导现实的程度，以及选择媒介化在场而不是亲身经历的程度。实验表明当被试自然地被

---

① Rutter, D., Stephenson, G., Dewey, M., "Visual communication and the content and style of conversation," The British Journal of Social Psychology, vol. 20, no. 1, 1981, pp. 41–52.

领入一个虚拟环境中时，相比明显能感觉到人工设备的环境中，其三个维度的打分都会更高，也就是说在场感程度更高。[①]可见，在研究方法层面，对于"在场"的测量目前依然存在利基的空间。

## （三）"在场效应"的概念发展与技术变革的关系

斯金纳认为，"概念"是一个独立的个体，从考察"观念"（idea）需要转为对考察具体的"概念"（concept），以及概念随着时代变迁被赋予的不同含义。只有考察某一概念不断变化的意义，分析其转向过程中的延续性和断裂性，通过这种差异性来力图真实有效地反映概念在其社会语境中的位置与关系。[②]斯金纳还认为，"概念"是社会变革的参与者。对于"在场"来说，概念与其所处的社会语境——技术发展程度——相互交织、相互影响，共同形塑了人类生存的基础系统。

有学者认为，每一次技术的发展，都扩大了在场理论的表达范畴。[③]早期的"在场"更多关注传播技术本身的特性，冷媒介与热媒介的划分等；之后开始关注另一个主体受众，形成技术与受众的关系讨论。

"概念拥有属于自己的发展史，我更加在意的是概念在突然

① Slater, M., Usoh, M. & Steed, A., "Depth of presence in virtual environments," Presence Teleoperators & Virtual Environments, vol. 3, no. 2, 1994, pp. 130–144.

② Skinner, Q., The Foundations of Modern Political Thought (Vol.1: The Renaissance), Cambridge: Cambridge University Press, 1987, p. xi.

③ Walther, J., & Parks, M., "Cues filtered out, cues filtered in: computer-mediated communication and relationships," in M.L. Knapp & J.A. Daly, eds., Handbook of Interpersonal Communication, Thousand Oaks Ca.: Sage, 2002, p. 530.

间的转换。"①在"在场"效应的发展进程中，最重要的技术突破就是虚拟技术的发展。如果说媒体是信息，那么什么是虚拟现实（VR）的信息？张明仓曾经对其进行定义，认为"虚拟实践是人利用新技术手段对于现实性的感性超越。"②虚拟现实的本质是参与者与虚拟环境之间的包容关系。在沉浸式、数字化的环境中，通过直接体验进行交流。麦奎尔将媒介效果划分为"效果"（affect）、"效能"（effectiveness）和"效力"（media power）三种，分别表示直接目标、预期结果以及潜在影响。③从这个层面来说，虚拟技术的效果可以看作是一种"效力"，属于潜在的影响。

传播技术观中，对于技术的传播效果研究可以按照传者对于效果强弱的假设，分为三个代表性时期：第一阶段，是强效果论（从20世纪初开始到30年代）；第二阶段，是"有限"效果（包括20世纪40—70年代的短期效果以及70年代之后的宏观效果）；第三阶段，媒介技术突破性发展，自然科学与社会科学开始虚拟转向，在这期间，"沉浸传播"（immersive communication）④以及受众的"永恒在线"（permanently online）⑤等概念纷纷被提出。

"在场"发展的轨迹也符合传播学技术效果观的理论框架。因此，梳理这个理论的发展主线与旁支脉络，并且用一个参照

---

① Skinner, Q., Visions of Politics（Vol. 1: Regarding Method），Cambridge: Cambridge University Press, 2002, p. 180.

② 张明仓：《虚拟实践论》，云南：云南人民出版社，2005年。

③ [英]丹尼斯·麦奎尔：《受众分析》，刘燕南等译，北京：中国人民大学出版社，2013年。

④ 黄厚铭、曹家荣：《"流动的"手机：液态现代性的时空架构与群己关系》，《新闻学研究》（台北：台湾政治大学），2015，124（7）：39—81.

⑤ Vorderer, P. & Kohring, M., "Permanently online: a challenge for media and communication research," International Journal of Communication, vol. 7, 2013, pp. 188–196.

物——传播技术的发展历程——来提纲挈领，既有助于理论溯源更加明晰，也有助于接下来本研究的开展。如表6所示。

**表6 传播技术效果观视角下的"在场"理论**

| 时间段 | 传播技术效果观 | "在场"发展阶段 | "在场"的观点变迁 | 传播技术的发展 |
|---|---|---|---|---|
| 1940—1970年 | "有限效果"的短期效果论 | | | |
| 1970—2000年 | "有限效果"的宏观效果论 | 第一阶段 1970—1980年 | 关注技术特性 | 1960年代，计算机信息技术发展 |
| | | 第二阶段 1980—1990年 | 关注短期的有限效果：媒介丰富度理论，社交提示缺失理论，社交信息处理理论 | |
| | | 第三阶段 1990—2000年 | 关注长期的有限效果："真实的人"，开始关照技术使用的主体 | |
| 2000年至今 | 虚拟沉浸的"强"效果论 | 第四阶段 2000年至今 | 关注虚拟现实 | 虚拟现实技术发展 |

"对概念'意义'的探讨并非是要关注的重点，而是通过对概念的变化来探讨它与人类、社会及其他事物间的相互关系。"[①] 探讨"在场"时，媒介技术是不可或缺的因素。技术是"在场"的背景、延伸与建构。新技术拓展了受众的认知领域，其可视化与沉浸感的冲击，直接作用于人的感官。在这一阶段的所谓"强"

---

① Sallnas, E. L., Rassmus-Grohn, K., & Sjostrom, C., "Supporting presence in collaborative environments by haptic force feedback," *ACM Transactions on Computer-Human Interaction*, vol. 7, no. 4, 2000, pp. 461 - 476.

效果，是一种否定之否定的螺旋上升，是在前几个阶段反思基础上由于媒介技术变革所促发的新观点。

通过上述的概念史梳理，首先，可以对于"在场"效应进行一种较为全面的操作性定义，即"在场"从传播技术的角度来讲是一种效应（effect），从受众角度来讲是一种感觉（sense）。因此，一方面，我们将"在场"定义为传播技术所促发的在传播交往过程中能够意识到与他者共在的沉浸效果；另一方面，将"在场"定义为受众通过传播媒介技术对于他者的感知，而这种感知中的"他者"分为两类，一类是指他人，即感觉和他人在同一个场域中共在（sense of being with another）；另一类是指情境，即纵使身处不同空间但仍然感觉身临其境（sense of the place）。

## 二、媒介用户体验效果评价的技术现象学模型

### （一）"在场"与界面的超越

探讨虚拟"在场"景观以认识其中人机层迭的一个策略便是考察"界面"这个术语。界面是指"形塑用户和计算机之间交流的软件，交互界面介于两者之间，并使得双方彼此理解。换言之，交互界面操控的关系式语义学层面的，体现为意义和表达而非物理力量。"（Johnson，1997:14）波斯特（2000:20）认为界面介于人类与机器之间，"是两种或多种信息源面对面交汇之处"（海姆，2000:78），使相互排斥又相互依存的两个世界彼此分离而又相连。界面的特点或者是从机器的特点演化而来，或者是从人的特点演化而来，或者两者皆有。

伊德所说的人与技术的"具身关系"，指的是技术仿佛被融入到我的身体之中。正如梅洛－庞蒂所说，身体是我们拥有某个世界的一般中介。"有时所指向的意义无法通过身体的自然手段联系起来，于是身体就必须构造出某种工具，并在工具周围投射出一个世界。在所有这些层面上，身体都发挥了同样的功能，即向自发性的各种瞬时运动赋予一些可更新的行为与独立的实存"（吴宁宁，2015）。在具身关系中，技术是我和世界之间的中介，不过它成为某种被穿过的东西，具有一种"透明性"技术融入了我们的身体经验中，伊德（2012:81）将之图示为"我—技术—世界"，"我"在一种含混的知觉状态下，在技术居间的结构中，沉浸在世界之内。

在虚拟交往中，产生"沉浸体验"的媒介行为，需要接触到与现实物理世界相似的正常界面。比如谷歌眼镜，使虚拟使用者的视界完全置于人工化的头戴显示器内，通过显示器向使用者传递虚拟世界的立体景观，并通过方向与位置定位来变换使用者的视角，使沉浸感更为逼真。这返回来又和"拟态环境的环境化"的概念不谋而合。虚拟技术的"人格化"可以让使用者体验珠峰之巅、深海考古甚至一些极限的视角，极大延伸了人的认识视野。时空软化、界面消弭，过去形成的技术与受众之间的二元对立被虚拟技术的"新常态"彻底打破。

我们说与"在场"理论联系最密切的现实问题是虚拟实践。虚拟现实是一种实践，也是一种理论设想，是认识世界的"中间道路"（中国科协，2007:22）。在这一前沿领域中，很容易促发"理论—实践—理论"的新的认知循环。因此，我们需要继续检视一些与其相关的新兴问题，而这些问题的面向，有可能在未来促使理论进一步发展。

## （二）技术发展与在地资源

彭兰教授在《花环与荆棘》中总结了互联网发展的第一个十年。如今，互联网技术又走过了它发展的第二个十年。在前十年，我们过多地将互联网作为想象自由的乌托邦，作为激荡社会进步的一条鲜活的鲶鱼，而进入下一个十年之后，我们开始反思，开始将焦点从宏观的社会、国家，回归到人际、个体，"从个别的、暂时的现象中跳出来"（彭兰，2004），用一种联系的、展望的眼光去看待媒体、看待技术的发展。

泛在信息社会是近年来被提及较多的一个概念。泛在（ubiquitous network）是指互联网与物联网的总称，是一个容纳了智能感知、广泛的网络连接及深度的信息通信技术（ICTs）应用等，沟通现实空间与虚拟空间，将人与人、人与物、物与物连接起来的网络。如沉浸传播的观点所言，人被传播技术泛在地包围（李沁，2013）。凯文·凯利在其著作《必然》的第一章使用了"形成"（becoming）作为标题，网络时代的信息以爆炸的速度递增和传播，技术在不断进步升级，是人类发展的在地资源，是人类发展的"奠基者"。

技术在不断发展，但技术始终作为在地资源，是要为人的发展服务的。"只见镜中像是人类的生理本能和思维天性，所以人类发明了一系列的逻辑工具与数理工具来减少认知错误的可能性，包括大数据技术、虚拟技术等。这是逻辑工具和模型提供的提升，而并非简单的用数据代替思维"（崔凯，2015）。在现象学上讲，就是要"重新恢复技术作为被奠基者的身份"，激活人的主体性，才能更好地利用在地资源，发展人类自身。

（三）被激活的个体与主体性觉醒

微时代，个体被激活，"不再仅仅是人口统计学上的一个单位，而是一个独立的自由个体"（尼葛洛庞帝，1996）。这个论断有其两面性，关键在于个体获得的是否为真实的自由、真正的自由。这就回到了开篇所提出的一个问题：媒介技术带来的"在场感"，究竟是解蔽还是遮蔽？媒介时代，我们到底会面临主体性的黄昏还是主体的再度觉醒？

"思维的这根弦紧绷信息上，随之而来的是'注意力'这个宝贵的音符便短促起来"（海姆，2000）。在这种高度的流动性和碎片化之中、在一个没有边界的空间中，我们必定要问：我们到底是谁？马尔库塞（1998:199）认为"技术，作为工具领域，既可以增强人的力量，也可以加剧人的软弱性。现阶段，人也许比以前更加无力支配他的设备"；多迈尔（1992:1）更是认为"主体性观念已在丧失着它的力量"。人们在凭借新技术获得发展、享乐、自由的同时，也不免被技术所束缚、所奴役，不得不忍受对于网络沉浸和设备过分依赖所造成的主体性的部分消耗。

但从另一个角度来说，人又获得了一种解放。信息技术已经深刻改变了我们对自己进行界定、对自己的可能性进行发掘的方式，而这种方式在过去是完全无法想象的。我们有选择技术的权利，更有摆脱技术依赖的能力。就如曾格提塔所说的"自由向前"的主体自觉。

（四）智能媒介与虚拟现实

学界最开始谈论 VR（virtual reality）的时候，在概念翻译上还有一定的争议。最开始提出"虚拟现实"的翻译之后，钱学森曾提出用"灵境"一词，认为 VR 是技术带来的亲身临境感。在1996年初的《光明日报》上，金吾伦的文章《关于 virtual reality 的翻译》提出"灵境"仅仅是意译，而"reality"翻译成"现实"的话，要比翻译成"实在"更为确切。此外，1997年1月16日，朱照宣等人撰文认为，VR 就是身临其境、临摹出来的"境"，而灵字不适合用在术语里，因此主张将 VR 译为"临境"。钱玉趾还提出了"虚拟境像"的译法。（康敏，2002）总之，目前对于 VR 的常用说法大多是"虚拟现实"或是"虚拟实在"，也就是说智能媒介为接受者所带来的"身临其境"的感觉，也就类似于我们所谈论的"在场"感。

如今的 VR 技术发展起来，比如人类制造出模拟人脑思考的机器人，可以与自身顶级的围棋选手抗衡；比如国内媒体使用了 VR 新闻的方式直播全国"两会"，这不仅能让我们从不同角度看某个场景，还可以使我们从各个角度看某个场景，极大地扩展了视野。

我们说电视是工业时代的产物，而互联网是信息时代的产物。互联网正像磁石一样，将各种先进的技术力量集聚到自身附近，从而促进自身的进一步发展。具体到日常生活，例如淘宝与小商品店的关系，智联招聘与人才市场的关系，正因为互联网技术的发展而发生着改变。这就是近年来很多学者正在谈的"互联网+"。纵观整个技术史，总有一些关键性技术的出现，使得整个时代发生颠覆性的扭转。比如德国涡轮机的出现，促发了发动机技术的变革，从而使得德国制造业数十年来成为世界的领跑者。信息时代也是如此，如果互联网相关技术出现了革命性的变革，那么 VR 技术将成为打破传统常态的一个突破口。

技术现象学还原的路径，是探讨"在场"的一种重要路径取向。用现象学视角关照我们的"在场"问题，是一种"输血"的过程；而将二者融合，成为一个体现传播学特点的有机整体，探究一种研究的模型或者机制，则是一种"造血"的过程。

本研究在概念辨析、发展脉络梳理的文献综述工作基础上，提出了"工具—知觉—行为"这个写作框架。以技术现象学的视域入手，结合问卷数据、半结构化访谈、文本分析、隐喻抽取等研究方法，将"在场"概念进行降维，成为可能探讨的一些微观维度。因此，"在场"是一个中观的概念，符合默顿所说的"作为宏大理论与微观理论之间的中介"的中层理论的定义。"在场"研究以麦克卢汉、海德格尔、伊德等人的宏大理论为立足点，但研究的用意则在于解释特定社会现象的具体描述，具有理论与实践上的意义。

当我们对于"在场"进行多维度的解析之后，一个研究框架的进阶版就更加清晰地浮现出来。这个"在场"研究框架的2.0版，是从研究的中心概念"在场"出发，围绕这个理论辐射出如一个概念的多重维度。

在媒介受众研究中，我们一般都会沿循"知觉—态度—行为"这个路径，具体到"技术—人"的关系问题，则是"工具—知觉—态度—行为"这一路径。在本研究中，我们探讨了技术特性维度；知觉与涵化维度；行为维度，实际上包括受众对于"在场"的态度以及受众沉浸交往的行为，但仅限于日常虚拟交往。在今后的研究中，"行为"这一维度将会被继续深入讨论，即，对于大数据和新技术背景下人们新的"虚拟行为"进行研究，包括对

虚拟生活空间、虚拟社会资本、虚拟经济、虚拟政治参与等方面
继续探究，是本研究今后可能延伸的面向。如图所示。

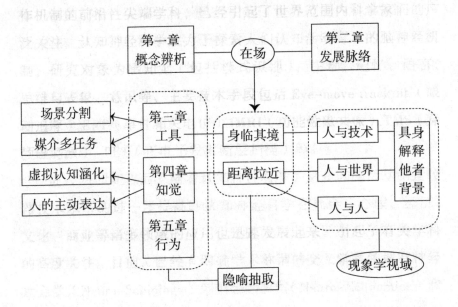

**图2　媒介用户体验效果评价的技术现象学研究框架**

# 第二章

# 关于媒介用户使用体验的模型与研究框架

## 第一节　媒介用户使用体验效果的影响因素

### 一、用户体验的概念界定及测量

现有文献对用户体验（user experience）的界定多种多样。Alben（1996）认为，用户体验应涵盖用户与产品或服务发生交互作用的方方面面，包括用户的感受、对产品的理解、既定目标的完成程度等[①]；Makela & Suri（2001）则认为用户体验是"用户在特定环境下，基于一定的动机刺激而产生的行为结果[②]"；Hassenzahl & Tractinsky（2006）认为，用户体验是用户与产品或服务发生交互作用的过程中，用户的内在状态、个人基本特征

---

① Alben, Lauralee. : Quality of experience: defining the criteria for effective in tertaction design. Interactions1996, 3.

② Makela, A. & Fulton Suri, J.: Supporting Users' Creativity: Design to Induce Pleasurable Experiences. Proceedings of the International Conference on Affective Human Factors Design, 2001, pp. 387–394.

与特定情境相互作用的产物[1]；林闯等人（2012）将其界定为"用户在一定的客观环境中对所使用的服务或者业务的整体认可程度[2]"。

从以上定义我们可以看出，用户体验强调的是用户在使用产品或服务过程中所建立起来的全部体验，包括认知、情感、态度等方面。其客体为产品或服务，即服务质量[3]（Quality of Service，Moor et.al., 2010），主体则为一定环境中的用户。

在"用户体验"测量方面，早期学者主要采用可用性（usability）[4]和易用性（availability）[5]两个指标进行考察[6]（Alben，1996；Hassenzahl，2004；Lavie & Tractinsky，2004）。然而，随着研究的进行，学者们发现用户在行为过程中除了可用性和易用性外，还应包括潜在心理[7]和用户情感等体验[8]效果（Hassenzahl

---

[1] Marc Hassenzahl & Noam Tractinsky : User Experience – A Research Agenda [Editorial]. Behaviour and Information Technology, 2006, 25（2）: 91–97.

[2] 林闯，胡杰，孔祥震. 用户体验质量（QoE）的模型与评价方法综述［J］. 计算机学报，2012，35（1）: 1–15.

[3] Katrien De Moor & Istvan Ketyko & Wout Joseph & Tom Deryckere & Lieven De Marez & Luc Martens & Gino Verleye : Proposed Framework for Evaluating Quality of Experience In a Mobile, Testbed – oriented Living Lab Setting. Mobile Netw Appl, 2010, 15:378–391.

[4] Alben, Lauralee: Quality of experience: defining the criteria for effective in tertaction design. Interactions 1996, 3.

[5] Hassenzahl, M : The Interplay of Beauty, Goodness and Usability in Interactive Products. Human – Computer Interaction.2004, 19（4）: 319–349.

[6] Talia Lavie & Noam Tractinsky: Assessing Dimensions of Perceived Visual Aesthetics of Web Sites. International Journal of Human–Computer Studies, 2004, 60（3）: 269–298.

[7] Makela, A. & Fulton Suri, J. : Supporting Users' Creativity: Design to Induce Pleasurable Experiences. Proceedings of the International Conference on Affective Human Factors Design, 2001, pp. 387–394.

[8] Norman, D. A. : Emotional Design: Why We Love（or Hate）Everyday Things. New York: Basic Books.

& Tractinsky，2006；Norman，2004）。基于此，Norman（2004）认为，用户认识事物是一个由浅入深的过程，并将用户体验分为了三个层次，即本能层、行为层和反思层。本能层是人的一种本能反应，注重于产品或服务的外观设计和初始印象，如视觉体验、品牌感受等；行为层，是指用户在使用产品或服务时所产生的感觉，如功能体验、内容体验和互动体验，主要与产品或服务的可用性相关；反思层则是体验的最高层次，指用户在使用产品或服务后所感受到的愉悦和满足，如情感体验、自我价值的实现等[①]。Hassenzahl（2005）则从人机互动的技术因素和非技术因素对用户体验进行了评价，其中技术因素包括系统的有用性和易用性，非技术因素则包括享受、美学和娱乐等情感因素[②]。

## 二、媒介用户使用体验研究中自变量的细化

一般而言，用户在使用产品或服务过程中所获得的体验，受用户、产品、社会因素、文化因素和环境等因素的影响[③]（邓胜利，2008）。基于现有文献资料的分析，本研究梳理出的自变量如表7所示，共分为三大类：一是产品或服务特征；二是用户特征；三是环境特征。而在现实研究中，这三大类因素又总交叉混杂在一起，生出更复杂的研究情景。

---

① Norman，D. A.: Emotional Design: Why We Love（or Hate）Everyday Things. New York: Basic Books.

② Hassenzahl M. : The Thing and I: Understanding the Relationship Between User and Product. In M. Blythe, C. Overbeeke, A. F. Monk, & P. C. Wright（Eds.）, Funology: From usability to enjoyment（pp. 31–42）. Dordrecht: Kluwer.

③ 邓胜利：基于用户体验的交互式信息服务［M］. 武汉：武汉大学出版社，2008.

表7　用户使用体验研究的自变量及控制变量

| 一级指标 | 二级指标 | 三级指标 |
|---|---|---|
| 产品或服务特征 | 内容层 | 内容质量 |
| | | 使用流程 |
| | 形象层 | 品牌 |
| | | 视觉设计 |
| 用户特征 | 人口统计学特征 | 年龄 |
| | | 性别 |
| | | 种族 |
| | | …… |
| | 用户接触特征 | 接触动机 |
| | | 个人既有的使用经验 |
| | | 个人期望 |
| 环境特征 | 自然环境 | 光照条件 |
| | | 噪声的大小 |
| | 人文与社会环境 | 社会观念 |
| | | 文化规范 |
| | 产品或服务运营环境 | 软硬件环境 |

## 三、对文献中自变量与因变量关系的梳理

在用户体验研究领域内，国内外有代表性的研究成果常采用表情捕捉、眼动追踪、瞳孔反应等实验法展开研究。已有关于自变量与因变量关系的代表性研究结论如下。

1. 指标一：产品或服务特征

关于产品或服务特征的研究，是目前用户体验研究中关注的

主要问题。该指标一般由内容层和形象层两个指标来测量。

（1）内容层

一般而言，高质量的产品或服务质量会导致优质的用户体验[①]（Davis，1989；Barakovic et.al.，2010）。Davis（1989）以感知有用性和感知易用性两个指标来衡量用户体验，发现当用户在组织环境中认为自身由于使用了某种技术应用系统而提高了自己的工作绩效，会更倾向支持该技术；同时，当用户在使用新技术系统时无须付出太多努力，其支持倾向也会更高[②]。此外，产品或服务在设计时应尽可能简洁易用，当用户在使用过程中需要记忆和理解的概念较少时，他们的感知体验会明显提高；Ward & Marsden（2003）发现，当用户使用外观设计良好的 Web 网站时，其皮肤传导率和心律都会降低，表现为受众的愉悦度较高[③]。

（2）形象层

除了高质量的产品或服务外，产品或服务所包含的品牌、视觉设计等形象也为学者广泛关注（Makela & Fulton，2001；Hassenzahl，2005）。Makela & Fulton（2001）发现，当产品或服务具有一定的品牌形象时，往往会增强用户对其的信任感[④]；同样地，产品或服务具有良好的视觉形象，也会增强用户

---

① Fred D. Davisz. Perceived Usefulness, Perceived Ease of Use, and User Acceptance of Information Technology[J]. MIS Quarterly, 1989,（3）: 319–340.

② Fred D. Davisz : Perceived Usefulness, Perceived Ease of Use, and User Acceptance of Information Technology. MIS Quarterly, 1989, 13（3）: 319–340.

③ R. D. Ward & P. H. Marsden: Physiological Responses to Different WEB Page Designs. International Journal of Human‐Computer Studies, 2003, 59: 199–212.

④ Makela, A. & Fulton Suri, J. Supporting Users' Creativity: Design to Induce Pleasurable Experiences[C]. Proceedings of the International Conference on Affective Human Factors Design, 2001 : 387–394.

对其喜爱度[①]。

2. 指标二：用户特征

用户特征指标，一般由性别、年龄等人口统计学特征和使用动机、既有经验等用户接触特征两个指标来测量。

（1）性别、年龄、种族等人口统计学特征

Barakovic 等人（2010）发现，尽管高质量的产品或服务往往会导致较高的用户体验，但满足所有的高质量产品或服务并不必然保证较高的用户体验，其中最重要的影响因素便是用户的基本特征[②]。研究发现，女性相比男性，更重视产品或服务设计的外观形象[③]（Norman，2004）；老年人在评估产品或服务的质量时，更重视产品或服务的易用性而非有用性。但也有研究发现，性别、年龄等变量对用户在使用 Web 网页过程中的感知有用性、感知易用性影响有限[④]（Ward & Marsden，2003）。此外，Dam 等人（2013）发现，不同文化和民族背景的用户在接触 Web 网页时，对界面的期望以及由界面提供的信息理解方式也存在差异[⑤]。

---

① Hassenzahl M. The Thing and I: Understanding the Relationship Between User and Product[M]// M. Blythe, C. Overbeeke, A. F. Monk, & P. C. Wright. Funology: From usability to enjoyment . Dordrecht: Kluwer, 2005:31–42.

② Barakovic, S. & Barakovic, J.（2010）. Comparative Performance Evaluation of Mobile Ad Hoc Routing Protocols. In MIPRO, 2010 Proceedings of the 33rd International Convention, 24–28, pp. 518, 523, May（2010）.

③ Norman, D. A. Emotional Design: Why We Love（or Hate）Everyday Things[M]. New York: Basic Books, 2004.

④ R. D. Ward & P. H. Marsden. Physiological Responses to Different WEB Page Designs[J]. International Journal of Human – Computer Studies, 2003（59）:199–212.

⑤ Soegaard, M. & Dam, R. F.（eds.）: The Encyclopedia of Human–Computer for Interaction, 2nd edn.2013.

（2）用户的接触特征

在用户的接触特征中，用户的使用动机、既有的使用经验、个人期望等通常是被考察的指标对象。Mandryk 等人（2011）发现，用户在使用娱乐技术的时候，既有的使用经验、个人期望等是影响其使用体验的重要因素。当用户以往的使用经验并不能满足其需求时，用户往往会减少接触该产品的次数；同样地，当个人期望与实际满足之间存在较大差距时，用户的使用满意度也相应较低[①]。国内学者武燕燕和郑一宁等人（2012）也发现，用户的信息满意度取决于行为主体自身实际对信息的需要[②]。

3. 指标三：环境特征

在环境特征方面，Makela & Suri（2001）、Hassenzahl & Tractinsky（2006）均认为，用户在接触产品或服务时所处的环境因素对其使用体验具有重要影响；当用户的接触环境与产品或服务内容相契合时，其用户使用体验会更佳，反之则用户体验不佳[③-④]。Ward & Marsden（2003）也发现，当用户在浏览 Web 网页时较为流畅，其用户体验表现更佳[⑤]。Laghari 等人（2011）同样认为，用户接

---

[①] Regan L. Mandryk & Calvin lough: The Effects of Intended Use on Target Acquisition. In Proceedings of The SIGCHI Conference on Human Factors in Computing Systems（CHI' 11）. ACM, 2011, 1649–1652.

[②] 武燕燕，郑一宁，赵立新，夏月，金艳红，付丽，姜亚芳：癌症患者医疗信息满意度研究进展［J］. 中国护理管理，2012, 12（5）：84–87.

[③] Makela, A. & Fulton Suri, J. Supporting Users' Creativity: Design to Induce Pleasurable Experiences[C]. Proceedings of the International Conference on Affective Human Factors Design, 2001：387–394.

[④] Marc Hassenzahl & Noam Tractinsky. User Experience – A Research Agenda[J]. Behaviour and Information Technology, 2006,（2）：91–97.

[⑤] R. D. Ward & P. H. Marsden. Physiological Responses to Different WEB Page Designs[J]. International Journal of Human － Computer Studies，2003（59）：199–212.

触的环境是其用户体验的重要影响因素，并将用户接触的环境分为自然环境、人文与社会环境、产品或服务的运营环境三个层次①。

当然，以上自变量不是单独影响因变量的因素，而是经常交叉混杂在一起，共同影响因变量的，这就促使研究者通过组合实验研究几个关键自变量与因变量的关系。

## 第二节　媒介用户使用体验的研究思路与框架

本研究的基本思路是针对已有典型媒介产品／服务开展用户使用体验测试，寻找影响用户体验的因素，建立影响用户体验的一般模型，为后继媒介产品开发、品牌建构、营销等提供依据。据文献综述结果，影响用户体验的因素主要是媒介产品的质量与性能，其次还受到媒介用户的状态与媒介使用情境两个因素的影响。用户体验的感知主要包括有用性、可用性／易用性与满意度三个方面，从认知神经科学的角度，可以分别解释为感官体验、交互体验与情感体验，各自有其对应的脑部测量区域。因此本研究将媒介产品的质量与性能看作自变量，媒介用户的状态与媒介使用情境作为控制变量，通过认知神经科学实验法来测量上述三个变量对因变量—用户体验的影响，尝试构建用户体验新的综合

① Laghari, K. U. R. & Molina, B. & Palau, C. E. : QoE Aware Service Delivery in Distributed Environment. In: IEEE Workshops of International Conference on Advanced Information Networking and Applications ( WAINA 2011 ), March 22–25, 2011, pp. 837–842.

评估指数，最后通过焦点小组与深度访谈等方法来解释用户体验产生的内在机制。具体研究框架如图3。

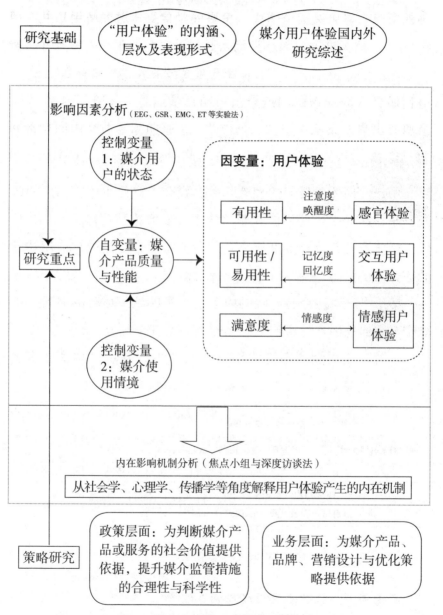

图3　媒介用户使用体验研究框架图

# 第三节　媒介用户使用体验研究的基本内容

笔者主要从"用户体验研究的基本理论视角""用户体验的测量纬度与测量方式""用户体验的影响因素"三方面进行文献回顾，总结已有研究并为本研究提供理论基础。

媒介用户使用体验测评研究主要从以下五个方面进行梳理：媒介用户使用体验研究的理论基础；媒介用户使用体验测评的研究方法；媒介用户使用体验测评的主要研究指数及体系；UEI 指数指标体系及其测量效度研究；几种典型媒介产品用户使用体验的综合效度评测。

媒介用户使用体验影响的因素包括影响感官体验的因素、影响交互体验的因素、影响情感体验的因素三个部分。

根据以往文献梳理影响用户体验的中介变量，并基于实验法、调查法等方法研究中介变量对用户体验的影响。

对产品或服务特征的内容层面和形象层面进行交叉研究。

根据实验数据所描绘的变量间关系，选择合适的理论（如媒介情景理论、信息加工理论、消费者心理理论等），设计深度访谈、焦点小组访谈方案，解释用户体验产生的内在机制。

## 一、传媒设计与开发策略研究

1. 传媒用户状态与使用环境洞察

根据不同个体使用媒介产品所产生体验的差异，归纳出两个主要的情景维度，基于此对人群进行分类。

2. 基于用户体验所开展的媒介产品开发策略研究、品牌构建
策略研究与营销策略研究

包括基于用户体验所开展的媒介产品开发策略研究、品牌构
建策略研究与营销策略研究。

3. 基于用户体验所开展的媒介产品社会价值评估

针对用户使用不同媒介产品前后的价值进行对比，评估媒介
产品的类别、属性及显要特征对受众社会价值的影响。

## 二、总体目标

建立评测媒介用户使用体验的方法与体系，洞察影响媒介用
户体验的内在机制，建构媒介用户体验模型，同时尝试探究特定
情景下用户使用媒介所产生特定体验的内在原因，为提高媒介用
户使用体验提供策略依据。此目标的实现依托下述分目标的逐步
完成。

1. 描述"实然"

本研究将基于传播学、认知神经科学与经济学相关文献，先
建立起评测媒介用户使用体验的方法与体系，然后通过实证研
究，测定媒介用户具体体验。

2. 厘清条件

本研究通过影响因素分析，厘清影响媒介用户使用体验的用
户状态、媒介产品特性及使用情景条件，进而建构影响用户体验
的综合模型。

3. 探究机制

借助来自社会学、心理学、传播学的理论框架，分析特定条件下媒介用户体验的内在产生机制。

4. 应用于现实

基于所建构的媒介用户使用体验模型，为传媒组织开发媒介产品、建树品牌、开展营销活动等提供客观依据及优化建议。

# 第四节　媒介用户使用体验的研究方法和技术路线

## 一、研究方法

本研究采取定性与定量相结合的方法，综合采用自然科学方法与社会科学方法，针对不同的问题，采取不同的方法。

1. 文献研究法

文献研究法是研究者基于以往文献资料的搜集、整理与分析，对研究主题形成科学认识的方法。基于以往文献，本研究梳理了媒介用户使用体验的自变量和控制变量的指标体系，并整理了自变量与因变量间的关系，为之后的实验设计奠定了基础。

2. 案例研究法

案例研究法是在案例分析的基础上解释现象、提出问题和理论建构的方法。本研究通过综合案例研究法、问卷调查法和实验法等研究方法，对特定媒介产品进行媒介用户使用体验的评估，可以有效增强提升传播效果的针对性。

3. 问卷调查法

问卷调查法旨在对媒介用户体验影响因素进行初步检测，筛选出相关系数显著的影响因素进入下一步测评。

4. 认知神经实验法和行为实验法

实验法由一系列实验构成，是整个研究方法的重点和基础，具体如下。

（1）媒介用户使用体验的认知神经学测评

建立用户体验评估综合指数——"UEI 指数"（User Experience Index）。根据该指数的分数等级，可以为媒介用户使用体验的分类和分级提供科学的客观依据，也可以为预估媒介产品的经济价值提供客观及量化的指标。依据不同媒介产品与服务类别，设计不同的实验方案，并在此基础上整合各种不同的评估指标，如注意、记忆、情绪、语言、潜意识等不同的大脑认知加工过程和状态，同时，采用国际公认的、科学的、成熟的算法，如 EEG、相干法、同步法等，从而为"UEI 指数"以及各项测评结果的有效性和可靠性提供保障。

（2）传统行为学测评

通过高信度和高效度的量表，测查用户对媒介产品直接的、外显的、主观的感受。量表包括：自陈量表；辨识度量表；记忆量表；情绪量表以及选择性小游戏。通过行为量表的测评，为神经学测评、双眼竞争测评、眼动追踪测评结果提供基本资料和佐证。鉴于行为学的手段的局限性，最终的测评结果以神经学测评为主，修正并完善行为学测评。

（3）双眼竞争测评

该技术的特点就是物理刺激没有发生改变而在大脑中的意识

发生了改变。利用这一原理和技术，根据媒介产品的特异性，建立符合不同需求的实验评估和设计方案，综合上述的神经科学测评技术和方案，能够从潜意识层面测查出受众对媒介产品的知觉的选择性和知觉的抑制性。

（4）眼动追踪测评

通过精巧的实验设计，利用眼动追踪技术和方案，记录和观测眼动时间、眼跳方向、距离、持续时间等参数，以及瞳孔大小、眨眼、注视点轨迹图等，可以测查用户在使用各种媒介产品条件下的视觉信息加工特点，观察其与心理活动直接或间接的关系。该项测试可以对前述的"UEI"指数、双眼竞争指标等做出进一步的补充。

5.深度访谈与焦点小组

探查了解用户体验产生的心理与社会动因。深度访谈和焦点小组方法在研究媒介用户体验效果产生的心理与社会动因方面具有很大优势。本研究可以基于深度访谈或焦点小组的方法，在研究生理机制的基础上，探究特定情境下用户体验的内在原因，强化研究结果的深度与解释力。


## 二、技术路线

本研究准备采取的技术手段、具体步骤及关键性问题的解决方法等见图4。

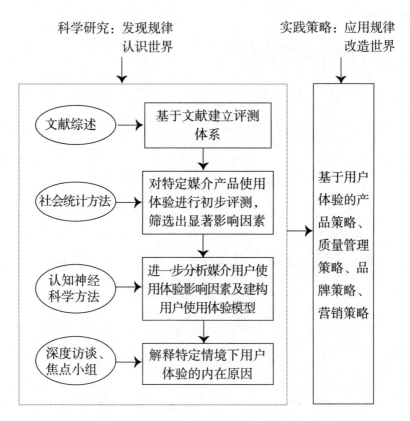

**图 4 媒介用户使用体验研究技术路线图**

# 第三章

## 行为层：健康传播

### ——基于 HINTS 调研的实证研究与分析

## 第一节　从媒介接触到行为选择：影响中
## 西医就诊因素的实证分析

### ——基于健康服务使用行为模型（BMHSU）的研究

中西医之争由来已久。中医的传承已有数千年，第一本关于中药的书出现在2000多年前，后经修改沿袭流传至今。直到500多年前，西医才传入我国[①]，到19世纪，西医逐渐成为主流，而中医则渐渐被视为"非科学"或"伪科学"[②]。新中国成立后，中西医这两种系统才正式建立起来，我国的医疗体系也被认为较好地结合了中西医的特点[③]。

---

[①] Wallner, Friedrich G., Lan, Fengli, & Jandl, Martin J. The way of thinking in Chinese medicine: Theory, methodology and structure of Chinese medicine ( Vol. 13 ) : Peter Lang.2010.

[②] Qiu, Jane. Traditional medicine: a culture in the balance. Nature, 448 ( 7150 ), 2007, 126–128.

[③] Xu, Judy, & Yang, Yue. Traditional Chinese medicine in the Chinese health care system. Health policy, 2009, 90 ( 2 ), 133–139.

## 一、当前健康传播实证研究中西医对比分析的缺失与不足

### （一）关于中西医两种渠道比较分析的实证研究的缺失

在西医主流的环境下，比较中西医优劣势、甚至抵制中医的声音从未停止。尽管如此，中医作为我国医疗系统的重要组成部分[①]，受到政府的扶持和民众的推崇。近些年来政府颁布了一系列旨在鼓励中医的发展政策，如增加中医研究和管理的财政收入等举措。

台湾的一项调查表明，至少有60%的被调查者在过去六年中使用过中医。其中，女性居民和30岁左右的人群是主要就诊者（Chen et al., 2007）。在香港，Lee（1980）的研究表明，相比西医，大部分华人更相信中医，尤其是它既能调养身体、治愈病根，副作用又较少。甚至连西医学学生对中医也持正面态度（Hon et al., 2004）。然而，从现状来看，大陆关于中西医就诊的大规模调查与实证研究仍是空白。因此，在这种背景下，争论中西医究竟孰优孰劣似乎缺乏理论和事实依据。

### （二）中西医就诊选择研究缺少对"量"的关照

中西医比较分析首先涉及的问题是中西医就诊的选择，也就是说，使用何种医疗服务类型。这可以从"质"和"量"两方面进行考量，亦即中医和西医就诊的次数以及患者对就诊的效用与

---

① Chan, M. F., Mok, E., Wong, Y. S., Tong, T. F., Day, M. C., Tang, C. K. Y., & Wong, D. H. C. Attitudes of Hong Kong Chinese to traditional Chinese medicine and Western medicine: survey and cluster analysis. Complementary Therapies in Medicine, 2003, 11（2）, 103–109.

结果是否满意。从已有的文献来看，近十年来，鉴于我国医患关系矛盾事件的增多，一些研究者较多关注医患沟通问题（Blatt et al., 2009），而对于就医的"量"较少关注。有研究者探讨就诊频率与人们对医患沟通的正负面评价关系，认为两者显著相关[①]。然而，这些研究多在境外，难以关照我国的情况；另外，涉及就诊频率与医患沟通时，也少有研究将中西医作为两个维度分别进行考察。

### （三）对中西医就诊选择的预测性因素考察缺乏系统化

对中西医的比较分析也应探讨人们选择这两种医疗渠道的原因，换句话说，哪些因素影响了中西医就诊选择，这些因素在多大程度上能够预测人们选择中医或西医的行为。已有的文献主要集中在以下几个方面。

中西医依托的中西方文化的差异。中医植根于中国传统文化，将身体视为一个平衡的动态系统，强调身体与周遭社会以及自然环境的紧密联系和统一性[②]。所有的事物被划归为两种对立统一的或"阴"或"阳"的体系，疾病则是由这两种能量状态的不平衡所引起[③]。草药与食物也同样被赋予不同的阴阳属性，以用来

---

① Cho, Woo Hyun, Lee, Hanjoon, Kim, Chankon, Lee, Sunhee, & Choi, Kui - Son. The impact of visit frequency on the relationship between service quality and outpatient satisfaction: a South Korean study. Health services research, 2004, 39（1）, 13–34.

② Lu, Ai-Ping, Jia, Hong-Wei, Xiao, Cheng, & Lu, Qing-Ping.Theory of traditional Chinese medicine and therapeutic method of diseases. World Journal of Gastroenterology, 2004, 10（13）, 1854–1856.

③ Koo, Linda C. The use of food to treat and prevent disease in Chinese culture. Social science & medicine, 1989, 18（9）, 757–766.

调整身体的不平衡性[①]。因此，中医十分强调健康的生活方式、食疗法、草药治疗以及适度运动来治愈健康问题[②]。相对地，西医则依托于生物化学，强调用药物和外在的方式"修补"人体器官和免疫系统。另外已有的研究表明，中医在治疗肥胖、肝病、风湿性关节炎[③]、皮肤病、糖尿病、特定癌症种类[④]等慢性病和疑难杂症上具有广泛的有效性[⑤]。Chen 等人归纳了中医最常就诊的十种疾病[⑥]，这些疾病种类的治疗也基本遵循中医平衡的理论[⑦]。

这样的认知状况同样体现在媒体对中西医的呈现方式上。西医药如感冒药，通常渲染其治愈性，见效快。而与中医文化相对

---

[①] Chen, Fang-Pey, Chen, Tzeng-Ji, Kung, Yen-Ying, Chen, Yu-Chun, Chou, Li-Fang, Chen, Fan-Jou, & Hwang, Shinn-Jang. Use frequency of traditional Chinese medicine in Taiwan. BMC Health Services Research, 2007, 7（1）, 26.

[②] Rawl, Susan M. Perspectives on nursing care of Chinese Americans. Journal of Holistic Nursing, 1992, 10（1）, 6-17.

[③] He, Yiting, Lu, Aiping, Zha, Yinglin, Yan, Xiaoping, Song, Yuejin, Zeng, Shengping, . . . Feng, Xinghua.Correlations between symptoms as assessed in traditional chinese medicine （TCM）and ACR20 efficacy response: a comparison study in 396 patients with rheumatoid arthritis treated with TCM or Western medicine. Journal of Clinical Rheumatology, 2007, 13（6）, 317-321.

[④] Efferth, Thomas, Li, Paul C. H., Konkimalla, Venkata S. Badireenath, & Kaina, Bernd. From traditional Chinese medicine to rational cancer therapy. Trends in molecular medicine, 2007, 13（8）, 353-361.

[⑤] Xu, W., Towers, A. D., Li, P., & Collet, J - P. Traditional Chinese medicine in cancer care: perspectives and experiences of patients and professionals in China. European journal of cancer care, 2006, 15（4）, 397-403.

[⑥] 十种主要的慢性疾病：高血压、肠胃炎、糖尿病/高血糖、类风湿关节炎、椎间盘疾病、慢性阻碍性肺病、缺血性心脏病、脑血管病（如中风、脑血栓等）、胆结石胆囊炎、消化性溃疡。

[⑦] Chen, Fang-Pey, Chen, Tzeng-Ji, Kung, Yen-Ying, Chen, Yu-Chun, Chou, Li-Fang, Chen, Fan-Jou, & Hwang, Shinn-Jang. Use frequency of traditional Chinese medicine in Taiwan. BMC Health Services Research, 2007, 7（1）, 26.

应的，媒体在涉及健康问题和医药产品时也表现出了强调与自然和谐统一的传统文化特征。例如许多电视医药广告和电视健康节目都传递着广告产品如何能使得患者获得内在和谐或者平衡，或产生平衡身体的"气"①。一些地方媒体也开辟专门的节目或专栏介绍传统的养生法②。然而，受众接触不同的媒介类型是否与中西医的选择有相关性，仍缺乏相关的研究验证。

中西医就诊也与社会人口统计学特征密切关联。一项关于香港华人认知和使用中医的调查表明，中医在女性和教育程度较低的人群中比较普遍，而在城市区域使用度较低（约五分之一）③。Chan等则发现老人、较低收入群体、慢性病患者更信任中医，对西医更可能持怀疑态度。然而，其他社会人口学特征如婚姻、职业状况等则较少纳入考察范围④。

中西医的使用效用也可能会影响这两种渠道的选择，其中包括认知效用和行为效用，认知效用及医患沟通的满意度与评价；行为效用即对于健康生活方式的采用，如摄食蔬菜水果、定期进行身体锻炼等。

以上文献从文化、媒介接触以及人口统计学特征等因素提示

---

① Cheng, Hong, & Schweitzer, John C. Cultural values reflected in Chinese and US television commercials. Journal of advertising research.1996.

② Wang, Zheng, & Gantz, Walter. Health content in local television news. Health Communication, 2007, 21（3），213–221.

③ Lee, Rance P. L. Perceptions and uses of Chinese medicine among the Chinese in Hong Kong. Culture, medicine and psychiatry, 1980, 4（4），345–375.

④ Chan, M. F., Mok, E., Wong, Y. S., Tong, T. F., Day, M. C., Tang, C. K. Y., & Wong, D. H. C. Attitudes of Hong Kong Chinese to traditional Chinese medicine and Western medicine: survey and cluster analysis. Complementary Therapies in Medicine, 2003, 11（2），103–109.

了中西医就诊可能存在的差异。然而，由于缺乏一个系统的框架进行梳理，因而总体较为分散，难以全面反映这两种医疗类型在我国居民中的使用状况与选择情境；此外，还有许多其他因素则在已有的文献中较少涉及，如家庭收入、是否有医疗保险、所在地区等，而这些社会化特征，可能成为促进两种医疗系统共同发展的有力途径。

因此，关于中西医就诊选择的比较研究，既是两种医疗体系共同建设与发展的需要，也是探索各自竞争力侧重点的可能；既要关照宏观的文化和环境层面，也应考量个人行为与医患满意度的评估。

## 二、健康服务使用行为模型理论框架

基于上文所述，国内目前对中西医的比较研究仍有很多不足之处，本节主要考察影响中西医选择的不同因素。考虑到媒介接触、文化特征、医患沟通、认知与行为效用、社会人口学特征等具体的指标，这里以健康服务使用行为模型（Behavioral Model of Health Services Use）[1]为参照，并在此基础上修改形成本部分的理论框架。

健康服务使用行为模型较为全面地包含了以上提到的待考察因素，同时也并不局限于单项或特定的健康（渠道选择/服务使用）行为。因此，这一模型不但弥补了此前研究的欠缺之

---

[1] Andersen, Ronald Max. National health surveys and the behavioral model of health services use. Medical care, 2008, 46（7）, 647–653.

处，同时为探索影响中医或西医就诊选择的原因，提供了较为理想的分析框架。它基于健康传播领域的行为模型，经过数十年的修正，演化为现今的考察维度（图5）。Andersen认为，人们在进行健康服务选择时，通常考虑四部分的因素：情境化特征（contextual characteristics）、个人化特征（individual characteristics）、健康服务使用行为（heath behaviors）以及健康服务使用结果（outcomes）。这四部分因素相互联系，相互影响，形成数个循环。

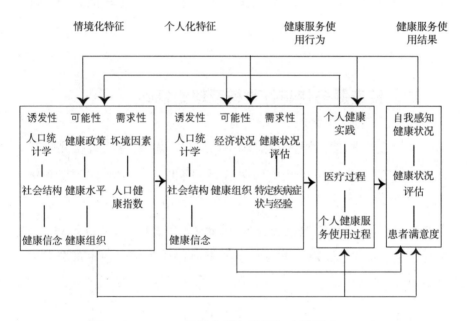

图 5 Anderson 的健康服务使用行为模型（2008）

情境化特征即社会宏观层面的考量，具体可分为诱发性因素（predisposing）、可能性因素（enabling resources）和需求性因素（need for care or service）三个层面。诱发性因素包括社会总体的人口统计学特征、社会结构、社会总体的健康信念等。可能性因素则包括政府健康政策、全国或区域性居民的健康水平与健康组织状况等。需求性因素则包括环境和健康人口指数等。

个人化特征即可能影响人们健康行为和选择的个人因素。类似地，个人化特征同样包括诱发性因素、可能性因素以及寻求医疗服务的需求。首先，诱发性因素包括人口统计学特征、社会结构变量以及一般的健康信念。人口统计学特征包括年龄、性别、婚姻状态等；社会结构因素如教育、职业、民族、社会关系网、社会互动等。它们被认为是人们有能力维持自身健康状况的社会经济和结构化的决定性因素。健康信念指的是关于健康的一般态度、价值和知识①。其次，可能性因素包含经济状况和加入健康组织状况，医疗保险、家庭年收入等通常被纳入这一范畴。健康服务的需求因素通常包括健康状况评估、特定疾病症状与经验等。

健康服务使用行为包括个人健康实践经验，医疗服务的过程，医疗服务的使用等。健康服务使用的结果包括健康状况的感知与评估、健康生活方式的采用以及患者满意度等。

这一模型描述了健康服务使用的多种决定性因素，包括情境化特征、个人化特征以及健康服务使用行为和结果，这一结果反过来又能影响个人化特征和情境化特征中的诱发性因素、可能性因素以及需求性因素等，进而影响人们下一次的健康服务使用，因此是动态的过程。

---

① Andersen, Ronald M. Revisiting the behavioral model and access to medical care: does it matter? Journal of health and social Behavior, 1995: 1-10.

## 三、中西医就诊行为情境下健康服务使用模型的构建与测量因素

在健康服务使用模型的基础上，结合本节探讨的中西医就诊选择的问题，本文将其预测性因素划分为三级指标，将一些指标修正后形成了中西医就诊行为的健康服务使用框架（表8）。

表 8　健康服务使用行为模型的测量因素

| 一级指标 | 二级指标 | 三级指标 | 具体描述 |
|---|---|---|---|
| 情境化特征 | 环境因素<br>健康信息媒介接触 | 居住地 | 一线 / 二线 |
| | | 居住地类型 | 农村 / 城市 |
| | | 健康类杂志、报纸 | 从不—经常 |
| | | 综合性报纸 | |
| | | 综合性杂志 | |
| | | 广播 | |
| | | 地方电视台 | |
| | | 央视和卫视 | |
| | | 计算机上网 | |
| | | 手机或移动设备上网 | |
| 个人化特征 | 诱发性因素 | 人口统计学变量 /<br>社会结构变量 | 性别 | 男 / 女 |
| | | 年龄 | 年龄区间 |
| | | 民族 | 汉 / 少数民族 |
| | | 教育 | 受教育程度 |
| | | 婚姻 | 已婚 / 未婚 |
| | | 职业状况 | 就业 / 无业或失业 |

**续表**

| 一级指标 | | 二级指标 | 三级指标 | 具体描述 |
|---|---|---|---|---|
| 个人化特征 | 可能性因素 | 医疗状况 | 医疗保险 | 是／否 |
| | | 经济状况 | 家庭收入 | 家庭年收入 |
| | 需求性因素 | 健康状况 | 主观感知（自我报告健康状况） | 很差—很健康 |
| | | | 客观评估（肥胖指数 BMI） | 过胖或过瘦／正常 |
| | | 慢性病史 | 慢性病种类 | 是／否 |
| 健康服务使用行为 | | 中医就诊 | 中医就诊次数 | 就诊频率 |
| | | 西医就诊 | 西医就诊次数 | |
| 健康服务使用结果 | | 生活方式 | 身体锻炼 | 从不—每天 |
| | | | 摄入新鲜果蔬 | |
| | | 医患沟通 | 是否对医疗过程和医疗沟通感到满意 | 从不—经常 |

## （一）情境化特征

即社会宏观层面对于中西医就诊选择的影响，在该维度中，去除了社会健康信念、社会总体经济状况等抽象且难以与其他因素比较的指标。Anderson & Bartkus 提出了健康服务可能性的两种衡量因素，即医院的设施完备度和医疗服务的距离远近[1]。由此看来，居住在城市或者农村区域，生活在大城市或是中小城市也被认为是影响医疗服务可能性的特征。文化因素以及媒介接触作为社会和结构化因素可能会决定人们的医疗选

[1] Anderson, James G., & Bartkus, David E. Choice of medical care: a behavioral model of health and illness behavior. Journal of health and social Behavior, 1973：348–362.

择。因此，在这里，中西医就诊选择的宏观社会因素主要考察诸如城市居住状态（城市／农村）、城市类型（一线／二线）以及媒介接触因素等变量。媒介接触及居民们接触来自不同媒介渠道（如健康类杂志／报纸、综合性报纸、综合性杂志、广播、地方电视台、央视和省级卫视、计算机上网、手机或移动设备上网等）的健康或医疗信息的频次。

### （二）个人化特征

指微观个人层面对于中西医就诊选择的影响，主要为个人属性。

1. 诱发性因素。包括人口统计学和社会结构变量，指人们固有的一些属性，如性别、年龄、民族（汉族／少数民族）、教育程度（初中及以下；高中；大专；大学本科；大学本科以上）、婚姻状况（已婚／未婚）、职业状况（就业／无业或失业）等。

2. 可能性因素。指可能促成个人完成就医行为的外在条件，本部分主要包括医疗状况和经济状况，医疗状况即是否拥有医疗保险，经济状况主要由家庭年收入来衡量。

3. 需求性因素。指对于就医行为的主观需求，健康状况和患者疾病史归入这一类别。健康状况包括主观和客观健康状况。主观健康状况即被调查者自我报告的健康状况，客观健康状况主要是肥胖指数（BMI）。肥胖指数是将被调查者的身高和体重比与标准指标进行比较（过胖 或过瘦／正常）。

鉴于中西医针对的疾病类型特征的不同，本部分主要考察慢性病史。

## （三）健康服务使用行为

即中医就诊行为与西医就诊行为。前文提到，中西医就诊行为应考察"质"与"量"，鉴于已有研究对就诊行为的"量"的忽略，这里主要考察其就诊频率。遵循 Andersen 框架中对患者的满意度的划分，本研究将在健康服务使用结果的二级指标中探讨中西医就诊行为的"质"。

## （四）健康服务使用结果

这一部分的变量包括生活方式和医患沟通评价等。在本节中，生活方式主要由是否经常进行中高强度有氧锻炼以及是否经常吃新鲜水果蔬菜进行测量。医患沟通的质量来自量表的测量，主要从不同的角度来衡量被调查者与医生、护士及其他医疗人员的交流情况，视相关度的高低，合并为一个测量值。

在这一理论模型基础上，本部分对影响中西医就诊的因素进行分析，既是对这一理论模型的适用性的验证，同时，探究中医与西医不同的影响因素，对于我国医疗工作者的实践如医患沟通的有效性等问题也具有现实指导意义。

在方法上，采用回归分析法来探讨医患沟通、健康信息媒介接触、行为效用以及人口统计学特征等是否与中西医就诊相关联。本研究只考虑模型中任何一个变量都没有缺失值的情况，因此实际总样本量为992。

表 9　中西医就诊因素的样本统计描述（N=992）

| 类型 | 变量 | 类别 | 比例 |
|---|---|---|---|
| 因变量 | 中医就诊（TCM） | 0 次 | 45.90% |
| | | 1–2 次 | 30.92% |
| | | 3–4 次 | 9.73% |
| | | 5–9 次 | 5.44% |
| | | 10 次或更多 | 8.02% |
| 因变量 | 西医就诊（WM） | 0 次 | 8.65% |
| | | 1–2 次 | 45.72% |
| | | 3–4 次 | 24.41% |
| | | 5–9 次 | 9.56% |
| | | 10 次或更多 | 9.56% |
| 医患关系 | 医患沟通<br>（5 个选项合并，　α =.84） | 从不（1）- 经常（4） | 2.80（.67）a |
| 健康信息<br>媒介接触 | 健康类杂志、报纸 | 从不（1）- 经常（4） | 2.42（1.06）a |
| | 综合性报纸 | | 2.28（1.07）a |
| | 综合性杂志 | | 2.17（1.01）a |
| | 广播 | | 2.49（1.09）a |
| | 地方电视台 | | 3.15（.95）a |
| | 央视和省级卫视 | | 3.33（.88）a |
| | 计算机上网 | | 2.29（1.24）a |
| | 手机或移动设备上网 | | 1.84（1.01）a |
| 健康状况 | 自我报告健康状况 | 很差(1) - 很健康(5) | 3.76(.79)a |
| | 肥胖指数（BMI） | 过胖或过瘦 | 34.49% |
| | | 正常 | 65.51% |

| 生活方式 | 进行超过 20 分钟的身体锻炼 | 从不（1）- 每天（5） | 3.12（1.49）a |
|---|---|---|---|
| | 摄入新鲜果蔬 | | 4.42（.96）a |
| 慢性疾病种类 | 高血压 | 是 / 否 | 17.51%/82.49% |
| | 肠胃炎 | | 12.91%/87.09% |
| | 糖尿病 / 高血糖 | | 5.98%/94.02% |
| | 类风湿关节炎 | 是 / 否 | 5.23%/94.77% |
| | 椎间盘疾病 | | 9.13%/90.87% |
| | 慢性阻塞性肺病 | | 1.06%/98.94% |
| | 缺血性心脏病 | | 2.24%/97.76% |
| | 脑血管病 | | 1.77%/98.23% |
| | 胆结石、胆囊炎 | | 3.86%/96.14% |
| | 消化性溃疡 | | 3.27%/96.73% |
| | 其他慢性疾病 | | 2.99%/97.01% |
| | 无慢性疾病史 | | 55.41%/44.59% |
| 人口统计学特征 | 性别 | 男 | 48.05% |
| | | 女 | 51.95% |
| | 年龄 | 15–17 | 0.19% |
| | | 18–24 | 6.51% |
| | | 25–39 | 36.41% |
| | | 40–59 | 50.18% |
| | | ≥ 60 | 6.71% |
| | 民族 | 汉 | 94.92% |
| | | 少数民族 | 5.08% |

续表

| | | | |
|---|---|---|---|
| 人口统计学特征 | 教育 | 高中以下 | 38.93% |
| | | 高中 | 26.33% |
| | | 大专 | 19.01% |
| | | 大学本科及以上 | 15.73% |
| | 家庭年收入 | 20000 元及以下 | 27.59% |
| | | 20001 元 – 40000 元 | 23.06% |
| | | 40001 元 – 60000 元 | 21.45% |
| | | 60001 元及以上 | 27.90% |
| | 婚姻状况 | 已婚 | 83.47% |
| | | 未婚 | 16.53% |
| | 职业状况 | 已就业 | 77.81% |
| | | 无业或失业 | 22.19% |
| | 城市 | 北京 | 51.52% |
| | | 合肥 | 48.48% |
| | 城乡 | 城市 | 50.82% |
| | | 农村 | 49.18% |
| | 医疗保险 | 是 | 97.19% |
| | | 否 | 2.81% |

Note. n = 2564.

aMean with standard deviation in parentheses.

## 四、数据分析

　　结果显示，在样本中，西医就诊频次高于中医就诊。在过去12个月里，45.90%的被调查者从未看过中医，远高于西医的8.65%。从医患沟通质量看，被调查者对于与医生的沟通评估为正面（M = 2.80/4）。从媒介健康信息接触来看，电视是最主要的来源，尤其是央视与各大省级卫视（M = 3.33/4），其次是地方电视台节目（M = 3.15/4），同时，广播（M = 2.49/4）和专业健康医疗报纸和杂志（M = 2.42/4）也有较高的接触率，然而移动设备健康信息接触率却相对较低（M = 1.84/4），这与前文健康信息媒介接触频率较为一致。被调查者自我报告的健康状况偏向良好，平均为3.76（五度量表）。这一结果与肥胖指数（BMI）的测量结果较为一致，BMI显示65.51%的被调查者处于正常范围。平均来说，被调查者报告每月至少进行一次20分钟以上能出汗或呼吸加快的身体锻炼，且每周都会摄入新鲜水果或蔬菜。55.4%的样本人群报告有过慢性疾病史，其中高血压（17.51%）和肠胃炎（12.91%）是两种最为常见的慢性病。从人口统计学特征上看，样本群体男女性别较为平均，年龄在25~59岁之间，汉族占据了绝大部分（94.92%），大部分（65.26%）教育水平为高中及以下学历。样本人群的地域分布以及城乡分布较为平均。

　　本研究用两组回归模型分别探讨了同组预测变量与两种类型医生就诊的关系。有意思的是，当中西医的就诊频率呈显著正相关关系时，大多数预测变量在两个模型中并不连续。在所有的预测变量中，只有医患沟通在两个模型中均为显著，因此，被调查者自我报告表明，在过去12个月内，有更多与医生交流经验的人与较少经验的人相比，具有更频繁的就诊行为。（ $\beta = 0.12$ ，$p < 0.05$ and $\beta = 0.16$ ，$p < 0.01$ ）

在媒介接触变量中，接触越多专业健康或医疗印刷媒介的被访者越倾向于中医就诊（ $\beta = 0.10$ ，$p < 0.05$ ）。而地方电视节目接触频率则与中医就诊频次呈现显著负相关（ $\beta = -0.12$ ，$p < 0.05$ ）。综合性报纸健康信息接触行为与西医就诊频率正相关（ $\beta = 0.10$ ，$p < 0.05$ ），而地方电视节目收视行为则与西医就诊呈负向弱相关关系（ $\beta = -0.09$ ，$p = 0.06$ ）。而其他健康信息媒介接触类型则对无论中西医就诊频次都不具显著性[①]。

与健康状况相关的不同变量与中西医就诊的关系也不同。对中医而言，自我报告健康状况和客观健康状况（BMI）均不是中医就诊的显著影响因素。摄取水果和蔬菜较多者更可能经常访问中医（ $\beta = 0.11$ ，$p < 0.01$ ），而运动多寡与中医就诊频次则不显著（ $\beta = 0.02$ ，$p = 0.36$ ）。在10种常见慢性病中，曾有"椎间盘疾病"（ $\beta = 0.31$ ，$p < 0.01$ ）和"其他慢性病"（ $\beta = 0.56$ ，$p < 0.01$ ）病史者更倾向于访问中医。而对西医来说，自我报告健康状况与西医的就诊频次呈负向显著相关，即越是认为自己健康的被调查者访问西医的可能性越小（ $\beta = -0.16$ ，$p < 0.001$ ）。而经常进行身体锻炼（ $\beta = 0.07$ ，$p < 0.01$ ），患过高血压疾病（ $\beta = 0.33$ ，$p < 0.001$ ）和缺血性心脏病（ $\beta = 0.55$ ，$p < 0.01$ ）的被调查者更可能选择西医。

从人口统计学变量来说，性别、家庭年收入以及所处城市（北京，合肥）则与中医就诊呈显著相关关系。从性别角度来看，

---

① 综合性报纸和综合性杂志的媒介类型变量相关系数0.78，出于多重贡献性的影响考虑，这里删掉了两者中媒介接触率较低"综合性杂志"一项。

女性更可能访问中医（β = 0.21，p< 0.01）；而从经济收入来看，低收入者（家庭年收入为20000元及以下），中等收入者更可能访问中医；地域方面，合肥比北京居民更可能访问中医（β =-0.59，p<0.001）。值得注意的是，西医就诊相关的人口统计学指标则完全不同。从年龄角度来看，年轻人较少访问西医（β =-0.19，p<0.05），老年人则更可能访问西医，不过两者只有细微的差别（β =0.23，p=0.07）；此外，民族和职业状况也是纳入考察的因素。相比汉族，样本中的少数民族较少访问西医（β =-0.41，p<0.01）；相比失业者和无业者，就业者更少访问西医（β =-0.20，p<0.05）。

表 10　中西医就诊的回归模型（N=992）

| | 回归模型 1 | 回归模型 2 |
|---|---|---|
| | 因变量：中医就诊 | 因变量：西医就诊 |
| | （N=992） | （N=992） |
| 中医就诊 | | 0.21（0.15 - 0.27）*** |
| 西医就诊 | 0.24（0.17 - 0.30）*** | |
| 医患沟通 | 0.12（0.01 - 0.23）* | 0.16（0.06 - 0.26）** |
| 健康信息媒介接触 | | |
| 健康类杂志 / 报纸 | 0.10（0.01 - 0.19）* | −0.05（−0.14 - 0.04） |
| 综合性报纸 | −0.07（−0.16 - 0.02） | 0.10（0.01 - 0.18）* |
| 广播 | 0.05（−0.02 - −0.13） | 0.00（−0.07 - 0.00） |
| 地方电视台 | −0.12（−0.22 - −0.02）* | −0.09（−0.18 - 0.00） |
| 央视和省级卫视 | 0.06（−0.05 - 0.16） | 0.05（−0.04 - 0.15） |
| 计算机上网 | 0.03（−0.05 - 0.12） | −0.03（−0.11 - 0.05） |
| 手机等移动设备上网 | −0.02（−0.12 - 0.08） | 0.02（−0.07 - 0.11） |

**续表**

| 健康状况 | | |
|---|---|---|
| 自我报告健康状况 | −0.04（−0.13 − 0.05） | −0.16（−0.24 − −0.07）*** |
| 肥胖指数（BMI） | −0.08（−0.22 − 0.07） | −0.06（−0.20−0.08） |
| 生活习惯 | | |
| 进行20分钟以上的身体锻炼 | 0.02（−0.03 − 0.07） | 0.07（0.02 − 0.11）** |
| 摄入新鲜果蔬 | 0.11（0.03 − 0.18）** | 0.06（0.01 − 0.13） |
| 慢性疾病类型 | | |
| 高血压 | 0.03（−0.15 − 0.21） | 0.33（0.16 − 0.50）*** |
| 肠胃炎 | 0.15（−0.05 − 0.34） | −0.02（−0.20 − 0.17） |
| 糖尿病 / 高血糖 | −0.07（−0.32 − 0.17） | 0.20（−0.03 − 0.43） |
| 类风湿关节炎 | 0.09（−0.19 − 0.36） | 0.17（−0.09 − 0.43） |
| 椎间盘疾病 | 0.31（0.08 − 0.53）** | 0.16（−0.05 − 0.37） |
| 慢性阻塞性肺病 | 0.10（−0.56 − 0.76） | 0.47（−0.15 − 1.09） |
| 缺血性心脏病 | 0.21（−0.17 − 0.59） | 0.55（0.19 − 0.91）** |
| 脑血管病 | 0.32（−0.09 − 0.73） | 0.27（−0.11 − 0.66） |
| 胆结石 / 胆囊炎 | −0.05（−0.34 − 0.25） | −0.25（−0.53 − 0.03） |
| 消化性溃疡 | −0.28（−0.65 − 0.09） | −0.01（−0.36 − 0.34） |
| 其他慢性病 | 0.56（0.16 − 0.96）** | 0.18（−0.19 − 0.56） |
| 人口统计学特征 | | |
| 女性 / 男性 | 0.21（0.07 − 0.36）** | −0.02（−0.16 − 0.12） |
| 40 − 59 岁 | | |
| 15 − 17 岁 | −0.37（−2.58 − 1.85） | −1.43（−3.51 − 0.65） |
| 18 − 24 岁 | −0.18（−0.56 − 0.20） | −0.19（−0.54 − 0.17） |
| 25 − 39 岁 | −0.01（−0.20 − 0.17） | −0.19（−0.36 − −0.02）* |
| ≥ 60 岁 | −0.26（−0.52 − 0.00） | 0.23（−0.02 − 0.48） |

续表

| | | |
|---|---|---|
| 少数民族/汉族 | 0.14（-0.19 - 0.47） | -0.41（-0.71 - -0.10）** |
| 教育程度 | | |
| 高中 | 0.06（-0.13 - 0.24） | 0.09（-0.09 - 0.26） |
| 大专 | 0.03（-0.21 - 0.27） | 0.12（-0.11 - 0.34） |
| 大学本科及以上 | -0.07（-0.36 - 0.21） | 0.12（-0.14 - 0.39） |
| 家庭年收入（vs. ¥20,000 及以下） | | |
| 20001 元 - 40000 元 | -0.07（-0.27 - 0.12） | 0.10（-0.08 - 0.29） |
| 40001 元 - 60000 元 | 0.30（0.08 - 0.52）** | 0.00（-0.21 - 0.21） |
| 60001 元及以上 | 0.04（-0.19 - 0.28） | 0.05（-0.17 - 0.27） |
| 已婚/未婚 | -0.08（-0.31 - 0.14） | -0.03（-0.24 - 0.18） |
| 职业状况/无业或失业 | 0.06（-0.12 - 0.25） | -0.20（-0.37 - -0.02）* |
| 合肥/北京 | -0.59（-0.75 - -0.43）*** | 0.09（-0.06 - 0.25） |
| 城市/农村 | -0.04（-0.22 - 0.15） | -0.13（-0.31 - 0.05） |
| 无任何医疗保险/有任一种医疗保险 | 0.24（-0.25 - 0.73） | -0.22（-0.68 - 0.24） |
| | $R^2$=0.22 | $R^2$=0.23 |

Note. ***p< .001；** p< .01；* p < .05.

## 五、结论与讨论

我国患者长期处于中西医共存的环境之下，两种医疗系统并存制度可追溯至明朝[1]。在我国现代社会，两种医疗体系都被重

---

[1] Wallner, Friedrich G., Lan, Fengli, & Jandl, Martin J. The way of thinking in Chinese medicine: Theory, methodology and structure of Chinese medicine（Vol. 13）:2010. Peter Lang.

视和授予牌照。中医的核心理念强调用温和的方法重塑身体的平衡，也是大多数中国人提倡的。因此，我国是研究人们进行医疗选择的重要环境[1]。本研究基于健康服务使用行为模型来探讨预测中国患者中西医就诊的一系列影响因素，如医患沟通效用（医患沟通评价、健康生活方式），个人因素（人口统计学特征、疾病类型），媒介健康信息接触等。

　　本研究发现患者的中西医就诊更多表现出的是一种结合与互补，而非竞争的关系（$\beta = 0.21$，$p<0.001$；表10）。并且，研究还发现了与两种就诊类型相关的一些相同或不同的因素。这些发现无论是对不同医疗服务使用的理论还是实践都有一定的启示。

　　首先，结论表明媒介接触对于中西医就诊行为都有影响。大量接触专业医疗印刷媒介的被调查者更倾向于中医，可能的解释是专业医疗印刷媒介相对更为可靠，同时也更可能传递科学的中医知识[2]。地方电视台接触频率则与中医就诊反向相关。根据以往的研究，电视更多地是一种娱乐而非传播知识的媒介[3]，并且，与全国性电视台相比，地方电视台能够更好地针对目标受众投放广告[4]。正因为如此，不少地方电视台的非黄金时段充斥着各种医药广告，如医药商业广告、电视购物、健康节目等，许多甚至被认

---

① Wang, Wenbo, Keh, Hean Tat, & Bolton, Lisa E. Lay theories of medicine and a healthy lifestyle. Journal of Consumer Research, 2010, 37（1）, 80–97.

② Hammond, Sharon Lee. Health Advertising: The Credibility of Organizational Sources.1986.

③ Turow, Joseph. Television entertainment and the US health-care debate. The Lancet, 1996, 347（9010）, 1240–1243.

④ Zhang, Yan Bing, Song, Yi, & Carver, Leilani Jensen. Cultural values and aging in Chinese television commercials. Journal of Asian Pacific Communication, 2008, 18（2）, 209–224.

为是假冒伪劣产品[①]。一些关于医药广告效果的研究则表明，许多中医广告都有夸大治疗效果的嫌疑，较容易引起受众的反感。这些都可能是为何接触地方电视台健康信息越多的人群反而较少选择中医的原因。而综合性报纸的健康信息接触与西医就诊正向相关，或许与西医的"主流"化宣传及"科学"标签有关[②]。

其次，中西医就诊的功能性和需求导向十分明显，个人因素、疾病类型与医生访问存在相关关系。正如前文提到，两种医疗类型并非零和博弈，而是一个互补的过程。结论体现的中西医就诊因素的不同实际上与它们各自的功能侧重以及患者个人的需求十分贴近。西医疗效快同时却可能带来副作用，因此更可能被用于较为严重的或者急性病症；而中医强调重新恢复和促进身体内在和外在的平衡，因此更为适用长期的、非急性疾病。因此，在11种慢性疾病中，患有高血压、缺血性心脏病者更可能访问西医；而椎间盘疾病以及"其他慢性病"则更可能看中医，这与以往研究的结论趋于一致。另外，出于中医调理、西医治病的理念，许多患者只有在病得非常严重时才会选择到正规西医医院看病[③]。这也解释了为什么自我报告健康状况与西医就诊负向相关，即自我感知身体健康的人群较少访问西医。这种功能性取向也反映在人口统计学特征上：相比年轻人，老年人更多访问西医；女性更多访问中医；少数民族群体较少访问西医等。

---

[①] Zhang, Yan Bing, Song, Yi, & Carver, Leilani Jensen.Cultural values and aging in Chinese television commercials. Journal of Asian Pacific Communication, 2008, 18（2）, 209-224.

[②] Hesketh, Therese, & Zhu, Wei Xing. Health in China: Traditional Chinese medicine: one country, two systems. Bmj, 1997, 315（7100）, 115-117.

[③] Aroian, Karen J., Wu, Bei, & Tran, Thanh V. Health care and social service use among Chinese immigrant elders. Research in Nursing & Health, 2005, 28（2）, 95-105.

　　再次，医患传播的认知和行为效用也与中西医渠道选择有关。其中一个表现是水果与蔬菜摄入与中医就诊行为呈现正相关关系。以往的研究认为，中医哲学将食物分为阴阳、冷热、日夜等属性，合适的食物能够帮助身体维持阴阳平衡，而平衡一旦被打破就会致病[1]。因此，在中医理念中，食疗是重要的一种治疗方式。摄入蔬菜和水果也是中医提倡的一种保持身体平衡的办法[2]。践行规律性地摄入水果和蔬菜的被调查者更可能接受中医的理论和精髓，也因此更可能看中医。数据结果显示，坚持每天摄取新鲜果蔬的被调查者中，几乎有一半（47.56%）的人群在过去12个月里访问过中医10次以上。此外，虽然身体锻炼对中医就诊不甚显著，但却与西医就诊有着正向影响。这与西医强调用生物化学的方式对抗疾病、促进身体功能的理念有关[3]。在西医中，有规律的身体锻炼被认为能够有效增强免疫系统，减少疾病风险。拥有健康生活方式、强调规律身体锻炼的被调查者更倾向于接受西医理念，也更可能进行西医就诊。这一生活方式选择上对比性的有趣发现（锻炼与节食）尽管不是相互排斥的，却在生活习惯与医疗决策上给我们重要的启示。

　　医患传播效用的另一个表现在于，有效的、满意的医患沟通与患者的就诊次数相关，这一点对于中西医就诊均适用。医生向患者解释疾病和治疗方案，给患者需要的情感与感受，使患者参

[1] Kleinman, Arthur, & Lin, Tsung-yi. Normal and abnormal behavior in Chinese culture（Vol. 2）: Springer Science & Business Media.1981.

[2] Ludman, Elaine Kris, & Newman, Jacqueline M. Yin and yang in the health-related food practices of three Chinese groups. Journal of Nutrition Education, 1984, 16（1）, 3-5.

[3] Berryman, Jack W. Exercise is medicine: a historical perspective. Current sports medicine reports, 2010, 9（4）, 195-201.

与到医疗决策中，主动聆听患者的焦虑会影响患者的就诊决策，甚至有助于患者遵从医嘱，治愈疾病①。这对未来开展关于医患沟通的研究也具有一定启示。患者对中西医医生的信任度在医患过程中的作用则有待进一步研究。

因此，我国居民长期面临中西医两种医疗选择，探讨文化背景下的中西医两种渠道选择及其影响因素既有实践意义也有理论意义。

首先，在两种医疗体系竞争与并存的环境下，探讨影响中西医就医选择的原因不但能够互补不足，发挥所长，促进两种医疗体系的共同发展，也有助于促进未来健康运动的开展。

其次，本研究在健康服务使用行为模型的基础上进行修改形成了中西医就诊选择的理论框架和测量指标。这一模型填补了中西医比较分析的理论空白，兼顾了中西医就诊行为的"质"与"量"维度，解决了以往研究中缺乏系统性、较为分散的问题。社会、个人、媒介接触等层面的具体测量指标的确定，为今后的研究提供了量化分析的基础。这一理论框架在不同医疗渠道研究的应用也是对健康传播领域行为理论的延展，拓展了健康服务使用的内容。

综上所述，对医疗从业者而言，了解影响患者医疗决策的因素能够帮助他们最大限度地满足患者的需要，达到较好的医疗结果。本研究比较了中西医两种医疗渠道就诊行为中不同的影响因素，揭示了医患传播效用、不同媒介接触渠道以及个人需求等因素

① Kenny, David A., Veldhuijzen, Wemke, Van Der Weijden, Trudy, LeBlanc, Annie, Lockyer, Jocelyn, Légaré, France, & Campbell, Craig. Interpersonal perception in the context of doctor - patient relationships: A dyadic analysis of doctor - patient communication. Social science & medicine, 2010, 70（5）, 763–768.

在中西医就诊中具有重要的预测作用。同时，也表明在患者接受中医或西医理念与其相应的中西医就诊中存在可能的连续性，这有待今后的研究验证。

## 第二节　行为理论下的健康信息寻求模型构建

Wilson（2000）认为，信息行为是建立在信息资源和信息渠道基础上的所有人类行为的总和，包括主动与被动的信息查询与使用行为[①]。一般来说信息行为包括信息浏览（Information Scanning），即在日常的信息接触过程中所发生的信息获取，可以通过最小限度的提示而回忆起来（Niederdeppe et al., 2007）；信息寻求（Information Seeking），即除了更随意地浏览信息和偶然的观察和接触之外，有意地主动寻找更深入的知识。

从1990年代中期开始，随着自我护理、健康促进运动、疾病预防等活动的开展，健康信息寻求行为（Health Information - Seeking Behavior, HISB）研究在健康传播研究中渐居中心地位（Johnson, 2003；Loiselle & Dubois, 2003）。寻求与个人健康和医疗决策相关的信息能帮助人们发现可能的医疗选择，评价权衡不同医疗选择的结果，使患者更好地了解医疗选择方案，进而促进医患沟通并减少医患纠纷。有研究表明，积极进行健康相关信息寻求的人在与医护专家进行共同决策时更倾向于处于一种积极

---

① 乔欢，信息行为学 [M]. 北京师范大学出版社，2010.

或合作的状态 (Davison et al., 2002; Hack, Degner, & Dyck, 1994)。

HISB 还被认为是增强健康行为的重要步骤。无论从理论上还是从实践上，信息寻求都被看作影响个人是否采取健康生活方式或预防疾病行为的重要因素。虽然信息本身并无法保证健康行为的实施，但当人们获得足够的相关信息时则更有可能做出积极的选择。本研究的目的在于初步构造一个符合当前中国媒介环境、医疗环境、健康信息环境的"健康信息寻求模型"，在分析影响人们寻求健康信息的关键因素的基础上，预测人们主动的健康信息寻求行为。

理性行为理论 (Theory of Reasoned Action, TRA) 与计划行为理论 (Theory of Planned Behavior, TPB) 是社会心理学中研究行为的经典理论模型，模型中涉及的各个变量都广泛被用于健康传播研究、健康行为改变以及健康信息寻求等相关研究中，其中的"行为意向"是影响行为发生的一个关键变量。但是在国内的行为意向研究中，涉及健康信息行为的很少。本研究根据理性行为理论和计划行为理论，进一步探讨人们寻求健康信息的行为意向。


## 一、行为理论: 主观规范与自我效能

理性行为理论 (Theory of Reasoned Action, TRA) 是一项用于预测社会行为的权威理论。该理论来源于社会心理学，认为人是理性的，因而其行为选择会综合考虑各种信息来评价行为的结果与意义，其表达方程如下:

B~I=（AB）ω1+（SN）ω2

其中，B 代表个体在意志控制下的公开行为；I 为个体的行为意向，即一个人采取行动的可能性；AB 表示个体对该行为的态度，即人们对预计行为的结果有利或不利的态度与评价；SN 是他人认为个体行为应有的主观信念或规范（Subjective Norm），即个体感受到的其重要的参考群体认为他是否应该做这种行为；ω1、ω2是标准化系数①。

TRA 的重要性在于该理论中包含的一个基本原理：态度和主观规范是其他变量对行为意向产生影响的中间变量，个体的行为意向可以通过其对行为的态度与感知到的主观规范准则来推断。TRA 的相关研究表明，人们在进行行为决策时不仅会考虑行为对自身的影响（个人结果，即行为态度的个人成分——个人态度），同时也会考虑行为对他人的影响（社会结果，即行为态度的社会成分——社会态度）②。主观规范是指个体感知到的重要社会关系（配偶、家人、朋友等）对其行为改变的认可和倾向程度，是健康行为改变研究的重要变量。如果吸烟者认为其家人、朋友都认为其应该戒烟，并且认识到吸烟对家人（尤其是家庭中的儿童）产生了健康危害，那么强烈的主观规范会促使其产生行为上的改变，最终戒烟。而在信息寻求行为研究中，也有相关研究主观规范对癌症病人信息寻求的影响，家人与其所属群体对癌症患者正面的信息寻求期待会带来更多的信息寻求行为。因此，TRA 理论

---

① Fishbein M, Ajzen I. Belief, attitude, intention and behavior: An introduction to theory and research[M]. 1975.

② Park H S. Relationships among attitudes and subjective norms: Testing the theory of reasoned action across cultures[J]. Communication Studies, 2000, 51（2）: 162-175.

为本研究提出了一个较好的预测其行为意向的影响因素。

计划行为理论（Theory of Planned Behavior，TPB）在理性行为理论的基础上加入了"感知行为控制（Perceived Behavior Control）"这一新的预测变量，从而将理性行为理论扩展到可以研究那些不受意志控制或者较为复杂的行为，因而这一理论在健康传播研究中使用更为广泛。TPB 在健康行为研究领域中曾成功地预测使用汽车安全带、避孕套、吸烟、饮酒、定期体检、乳腺自查、癌症筛查、健康饮食、运动、使用牙线等行为的发生①。

感知行为控制与班杜拉的自我效能理论非常相似②。感知行为控制反映了个人对行为约束的感知，可细分为内部控制和外部控制（可控性）两个维度。自我效能是内部控制的主要预测因素③，是一种个人对自我能力的内心感知。自我效能既是个体对自己是否有能力去实施某行为的期望，也是对自我行为能力的认知与评价④。Savolainen 基于自我效能的概念及其在信息查询研究中的应用，提出信息查寻自我效能的定义——个人对其组织和执行特定信息查寻行为能力的评价⑤。健康信息寻求，尤其是癌症信息寻求研究中，个人癌症／健康状况的自我效能与信息寻求能力的自

① O'Hea E L, Wood K B, Brantley P J. The transtheoretical model: gender differences across 3 health behaviors[J]. American Journal of Health Behavior, 2003, 27（6）: 645-656.

② 林丹华，方晓义，李晓铭. 健康行为改变理论述评 [J]. 心理发展与教育，2005, 4: 122-127.

③ 李蒙翔，顾睿，尚小文，等 . 移动即时通讯服务持续使用意向影响因素研究 [J]. 管理科学，2010, 23（5）: 72-83.

④ 蒋晓莲，薛咏红，汪国成 . 自我效能研究进展 [J]. 护理研究，2004, 18（5）: 763-765.

⑤ Chiou W B, Wan C S. The dynamic change of self-efficacy in information searching on the Internet: Influence of valence of experience and prior self-efficacy[J]. The Journal of Psychology, 2007, 141（6）: 589-603.

我效能也经常用来预测与判断患者的最终信息寻求行为意向。基于以上对计划行为理论中感知行为控制概念与自我效能理论的综述，本研究思考，人们对于个人健康的自我效能以及相关健康信息寻求能力的感知控制是否会影响人们采取积极的信息寻求行为。

## 二、健康信息寻求行为影响因素与假设

大量健康传播与健康信息寻求研究都聚焦于人们的人口统计学因素对健康状况、健康行为和信息寻求方面的影响作为研究中必备的研究变量之一。在一般的行为研究中，这类因素也常被用作控制变量来研究其他影响因素与信息寻求行为之间的因果关系。若放在传播学受众研究的框架下看，需要探讨个人差异论与健康信息渠道选择之间的关系。本研究需要考虑的人口统计变量为性别、年龄、职业、工作单位性质、婚姻状况、学历、个人月收入、家庭年收入、居住地区等。

按照使用满足理论与意义构建理论的假设，人们的信息寻求行为是由特定的动机和需求所激发的。对于健康信息需求来说，个人健康状况是激发人们搜寻信息的直接动机之一。健康状况差的人可能会比健康状况良好的人信息寻求动机更强。但如果考虑到信息逃避行为，也可能会出现部分健康状况较差但是却避免接触相关信息的行为（比如吸烟者可能会避免接触那些吸烟会诱发肺癌的信息）。在影响人们健康状况的众多因素中，慢性病是其中最重要的因素之一，病程长、花费高、影响个人和家庭的生活质量。因此本研究倾向认为患有慢性病也会影响人们的健康信息寻求行为。

通过对已有理论、模型与研究的分析，结合本研究针对中国居民一般性健康信息寻求行为主动性预测的目的，本部分提出的研究假设集中于个人特征、社会经济状况、健康状况、医疗服务情况等因素对于人们是否主动寻求健康信息的影响：

H1. 个人健康状况影响人们是否主动寻求健康信息。

进一步的相关假设包括：

H1a. 患有慢性病的人群，更倾向于主动寻求健康信息；

H1b. 健康状况自我评价越低，越倾向于主动寻求信息；

H1c. 过去一年接触过医疗服务的人，更倾向于主动寻求健康信息。

H2. 个人的人口统计特征状况影响人们是否主动寻求健康信息。

H2a. 年龄越大的人越倾向于主动寻求健康信息；

H2b. 收入越低的人越倾向于主动寻求健康信息；

H2c. 居住于郊区的人越倾向于主动寻求健康信息；

H2d. 已婚的人越倾向于主动寻求健康信息。

H3. 健康自我效能评价越高，越倾向于主动寻求健康信息。

H4. 个人获得家人健康支持状况影响人们是否主动寻求健康信息。

H5. 日常通过媒介接触健康信息越多的人，更倾向于主动寻求健康信息。

H6. 对于各信源提供的健康信息信任度越高的人，越倾向于主动寻求健康信息。

## 三、研究设计与方法

本研究借鉴了美国 HINTS 调查 2003 年、2005 年、2007 年、2012 年四个年份的全部调查问卷，而后根据本研究的研究设计与中国的具体情况进行了修改，问卷包含健康信息获得与寻求、癌症信息获得与寻求、个人健康状况、医疗保健方面的情况、人口统计数据和社会关系五部分。结合问卷调查执行的方便性和成本，本调查选择了北京和合肥两个地区的城市和郊区进行调查。本文采用的数据来自北京地区的调查，之所以选择北京数据是因为北京在经济、社会、文化、媒介等各方面都在中国各城市排名前列，代表了目前中国最先进的水平。而随着中国的发展，其他城市的上述各个指标都会逐渐提升，因而北京数据可以成为其他城市、地区信息寻求行为的预测。

调查的目标总体为北京18个行政区县的所有家庭户中的15 ~ 69岁的常住人口，采用多阶段分层随机抽样方法，以区（县）、街道（乡镇）、居（家、村）委会及家庭户分别作为初级、二级、三级、四级抽样单元。调查实施时间为2012年10月16日至2012年11月10日，采用入户调查的方式，由中国健康教育中心（原卫生部新闻宣传中心）经过严格培训的访问员入户发放和回收问卷，问卷回收率为90%。调查有效样本为1322人，其中来自北京城区（西城区）的为660人（50%），北京郊区（怀柔区）的为662人（50%）。

$$Logsit（p）= \alpha + \beta 1X1 + \cdots + \beta mXm$$

本部分需要预测的是人们是否寻求健康信息，因变量"是/否"为二分类变量，因此应采用二元Logistic回归的方法进行建模。对影响人们健康信息寻求行为主动性的各因素进行分析，求出哪些自变量对因变量发生概率有影响，影响的程度与方向。因变量是二分类，所以误差服从二项分布，并用迭代的方式进行计算。其模型可以表示如下，其中 α 为常数项，Beta 为 logistic 回归系数。

## 四、健康信息寻求主动性模型检验

将人口特征变量中的年龄、月收入、居住地，健康相关变量中的慢性病史、健康评价、健康自我效能，健康行为变量中的家人健康交流状况、日常锻炼状况、医疗经历纳入分析模型，将分类变量进行处理，哑变量处理后得到了各变量对健康信息寻求主动性的影响结果如表11所示。

表 11　健康信息寻求主动性影响因素检验

| 变量 | B | S.E, | Wals | df | Sig. | Exp（B） |
|---|---|---|---|---|---|---|
| 市区／郊区 | −0.413 | 0.158 | 6.867 | 1 | 0.009 | 0.662 |
| 慢性病史 | 0.275 | 0.1 | 7.526 | 1 | 0.006 | 1.317 |
| 渠道信任度 | −0.019 | 0.012 | 2.488 | 1 | 0.115 | 0.981 |
| 健康媒介接触 | 0.059 | 0.012 | 23.447 | 1 | 0 | 1.061 |
| 健康评价 | −0.165 | 0.09 | 3.385 | 1 | 0.066 | 0.848 |
| 锻炼情况 | 0.071 | 0.044 | 2.622 | 1 | 0.105 | 1.074 |
| 医疗经历 | −1.052 | 0.132 | 63.92 | 1 | 0 | 0.349 |
| 健康自我效能 | 0.013 | 0.069 | 0.038 | 1 | 0.845 | 1.014 |
| 年龄 | 0 | 0.007 | 0.004 | 1 | 0.948 | 1 |
| 月收入 | −0.084 | 0.041 | 4.148 | 1 | 0.042 | 0.92 |
| 婚姻状况 | | | 8.656 | 2 | 0.013 | |
| 婚姻状况（已婚） | 0.727 | 0.247 | 8.654 | 1 | 0.003 | 2.069 |
| 婚姻状况（离异） | 0.65 | 0.362 | 3.214 | 1 | 0.073 | 1.915 |
| 家人健康交流 | 0.582 | 0.089 | 42.374 | 1 | 0 | 1.79 |
| 常量 | −1.033 | 0.799 | 1.671 | 1 | 0.196 | 0.356 |

其中除锻炼情况、年龄、健康自我效能、渠道信任之外，其

余的变量对于健康险信息寻求的主动性影响均较为显著。采用最大偏似然估计的似然比检验向前与向后两种方法来进行模型简化，并做出进一步的变量筛选。

向前步进似然比共进行了7个步骤，通过步骤1到步骤7对变量的筛检，–2对数似然值降低了80.803，Cox & Snell R 方以及 Nagelkerke R 方都有较大水平的提升。向后步进似然比同样进行了5个步骤，并且其各步骤模型的 –2对数似然值、Cox & Snell R 方以及 Nagelkerke R 值结果都优于向前步进。因此，考虑两种方法在所删减变量上的差异。向后步进似然比在步骤2中移除了年龄，在步骤3中移除了健康自我效能，在步骤4中移除了渠道信任，在步骤5中移除了锻炼状况。与之前的向前步进似然比相比较，保留了健康评价这个变量。

从理论角度和现实情况分析，相对于行为的实际测量，健康状况评价是从个人主观感受出发对于个人健康状况的一种总体上的测量，还一定程度上反映了个人心态。相对于健康状况评价测量的各种复杂指标，个人评价健康状况简单易测，在相关调查和健康运动宣传方面有更实际的应用价值，因此应该保留。根据上述对健康信息寻求行为模型的分析和变量剔除的检验，最终决定在模型中删除健康自我效能、年龄、渠道信任、锻炼状况三个变量，得到了关于健康信息寻求行为预测的方程中最终的变量情况。

该模型的 –2对数似然值为1502.731，Cox & Snell R 方为0.159，Nagelkerke R 方为0.213，对于不主动寻求健康信息预测的百分比校正为77.7，对于主动寻求健康信息的百分百校正为55.0，总计百分比为68.0。虽然模型的预测效果并不十分理想，但可以从一定程度上说明个人特征、社会经济状况、健康状况、医疗服务情况对于人们健康信息寻求主动性的影响。

**表 12　健康信息寻求行为主动性模型方程中的变量**

| 变量 | B | S.E, | Wals | df | Sig. | Exp（B） |
|---|---|---|---|---|---|---|
| 市区/郊区 | −0.387 | 0.155 | 6.285 | 1 | 0.012 | 0.679 |
| 慢性病史 | 0.282 | 0.098 | 8.258 | 1 | 0.004 | 1.325 |
| 健康媒介接触 | 0.054 | 0.011 | 22.565 | 1 | 0 | 1.056 |
| 健康评价 | −0.135 | 0.082 | 2.729 | 1 | 0.099 | 0.873 |
| 医疗经历 | −1.037 | 0.127 | 66.537 | 1 | 0 | 0.355 |
| 月收入 | −0.082 | 0.041 | 4.078 | 1 | 0.043 | 0.921 |
| 婚姻状况 | | | 9.691 | 2 | 0.008 | |
| 婚姻状况（已婚） | 0.645 | 0.207 | 9.675 | 1 | 0.002 | 1.906 |
| 婚姻状况（离异） | 0.539 | 0.336 | 2.576 | 1 | 0.109 | 1.715 |
| 家人健康交流 | 0.577 | 0.086 | 44.841 | 1 | 0 | 1.781 |
| 常量 | −1.379 | 0.549 | 6.306 | 1 | 0.012 | 0.252 |

通过表 12 的 OR 值可以判定，对于健康信息寻求主动性情况，慢性病史、健康媒介接触、家人健康交流，都起到了促进的作用：患有慢性病并且患有慢性病种类越多的人、日常通过媒介渠道越频繁接触健康信息的人、越经常与家人交流健康状况的人越会主动寻求健康信息。健康评价、医疗经历、月收入则起到负向的作用，自我健康评价越高，月收入水平越高、过去一年中没有接受过医疗服务则更倾向于不主动寻找健康相关信息。

婚姻状况和居住区域作为分类变量则需要进行更具体的分析。若将未婚作为参考类别，已婚以及离异状态的人都更倾向于主动寻求健康信息，并且已婚对于健康信息主动寻求行为的影响更为显著。若将居住地域中的北京郊区作为参考类别，则居住在北京城区的人更不倾向于主动寻求健康信息。

基于以上的模型，可以对之前关于健康信息寻求行为主动性的相关假设进行检验。H1a 患有慢性病的人群，更倾向于主动寻求健康信息（p<0.01）；H1b 关于健康状况自我评价越低，越倾向于主动寻求信息（p<0.1）；H1c 过去一年接触过医疗服务的人，更倾向于主动寻求健康信息（p<0.01），这三个假设在控制其他相关的个人特征、社会经济状况、健康状况、医疗服务情况后被验证成立。因此假设1，个人健康状况会影响人们健康信息寻求行为的主动性通过了检验。

H2b 收入越低的人越倾向于主动寻求健康信息（p<0.05）；H2c 居住于郊区的人越倾向于主动寻求健康信息（p<0.01）；H2d 已婚的人越倾向于主动寻求健康信息（p<0.05）；这三个假设在控制其他相关的个人特征、社会经济状况、健康状况、医疗服务情况后被验证成立。但年龄对健康信息行为的影响在统计上没有显著的关系，因此假设2，个人的人口统计特征状况影响人们是否主动寻求健康信息部分得到了验证。

H4 个人日常获得家人健康支持状况影响人们是否主动寻求健康信息（p<0.01）；H5 日常通过媒介接触健康信息越多的人，更倾向于主动寻求健康信息（p<0.01），这两个假设在控制其他相关的个人特征、社会经济状况、健康状况、医疗服务情况后被验证成立。健康信息信源信任度、健康自我效能、个人日常运动健身状况对健康信息寻求行为主动性的影响没有统计上的显著性，因此这3个假设没有通过。

## 五、研究结论与讨论

本部分采用二元 Logistic 回归模型检验了人口统计特征、个人健康状况、健康自我效能、家人健康沟通、健康信息媒介接触、健康信息信源信任度几个个体特征方面的因素对于人们健康信息寻求主动性的影响。

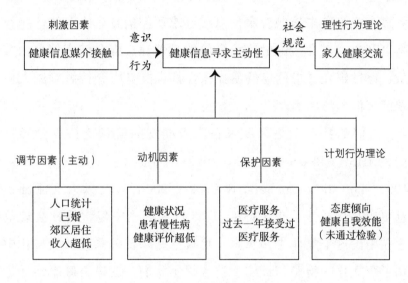

**图 6　态度行为理论下的健康信息接触模型**

通过健康信息寻求行为模型和假设的检验，我们可以为健康信息的主动寻求者勾画出一幅特征图：北京郊区地区、收入偏低、已婚、健康状况自我评价较低、患有慢性病、过去一年中接受过医疗健康服务、经常通过媒体接触健康信息、经常和家人讨论健康问题的人更倾向于采取主动的行为去寻找健康信息。

人们寻求健康信息的途径并不限于大众媒介，医生、家人朋友、健康机构组织等人际、组织渠道都是人们获取健康信息的重要方式。但个人日常的健康信息媒介接触情况对人们信息寻求的主动性同样产生影响。媒介依赖理论认为，媒介系统是社会结构的重要组成部分：无论个人、群体还是组织，若想实现其目标或满足需求就需要依赖于媒介[①]。这一理论给我们提供了一个解释和分析健康信息寻求中媒介接触与选择的理论视角：人们可能会倾向于选择那些"资源"较为丰富的媒介，即那些他们平日"依赖"的媒介或渠道来接触健康信息或寻求所需信息。媒介的依赖程度高以及通过媒介接触健康信息的渠道惯性、媒介健康信息内容刺激、通过媒介寻求信息的易操作性都可能是媒介接触刺激人们寻求健康信息的原因。

人们的社会网络以及来自家人朋友的信息支持也会影响他们的 HISB（Brashers et al., 2002；Czaja et al., 2003；Johnson, 1997；Loiselle, Lambert, & Cooke, 2006）。与家人交流健康信息更容易促成个人的 HISB，理性行为理论中包含的社会规范概念在中国这个集体主义感强，重视家庭亲友关系的社会文化中得到了跨文化的检验与证实。这也提示我们，在进行健康传播运动时，不仅要重视大众媒体的信息刺激作用，更要重视人际传播尤其是高危人群、慢性病患者周围的初级群体的说服效果。

---

① S.J. Ball-Rokeach, The Origins of individual Media-system Dependency, Communication Research, 1985; 12.

## 第三节　动机因素对癌症知沟的影响

——基于北京、合肥癌症与健康信息调查的实证研究

1970年，蒂奇诺（Tichenor）等人提出了知沟假说，即"随着大众媒介进入一个社会系统的信息不断增加，社会经济地位较高的群体会比社会经济地位较低的群体以更快的速度获取这些信息，于是在这些群体之间的知沟将会扩大而不是缩小"[1]。该假说自提出以来，其最初的论断不断受到诸多的质疑与挑战[2]，但它将一种理论层面的想法变成了实证上可测的假设，并由可获的数据加以验证，这本身具有的跨理论和实践意义使得大众传播领域学者不断投身到该假说的检验与研究当中，显示出旺盛的学术生命力。

根据知沟假说，社会经济地位的不同，带来了接受教育机会的不平等，并进一步引起面对大众传播信息流时知识获取的不平等。当知识（特别是公共事务和健康领域知识）没有在不同社会经济地位群体间平等分布时，有关知识不平等的研究就变得异常重要。因为公共事务知识对获得社会权力很重要，健康议题则事关人类生存和生活质量问题，与财富和社会影响力有关。20世纪90年代以来，健康传播在美国逐渐成为传播学研究中获取基金数

---

[1]　Tichenor, P. J., Donohue, G. A. & Olien, C. N. Mass media flow and differential growth in knowledge. Public Opinion Quarterly, 1970, 34（2）, 159-170.

[2]　董晨宇. 媒体、知识与社会平等——知识社会学视角中的知沟假说研究 [D]. 中国人民大学新闻学院博士论文. 北京 .2014.

目最多的研究领域之一，客观上吸引了更多的研究者参与到健康知沟的研究当中[①]。Hwang 和 Jeong（2009）对知沟假说所做的文献综述显示，在所选择的71篇文献中有26篇是关于健康话题的，仅次于社会—政治话题的30篇。[②]

可见，国外健康传播的知沟假说验证是一个热门研究领域，国内相关研究则处于起步阶段。在外文 EBSCO 数据库上并没有搜索到使用中国数据所做的研究，当以知识沟、知沟为关键词在知网上搜索文献时发现我国目前知沟领域的研究视角较为单一，数量较少，具体来看健康知沟方面的研究主要集中于城乡健康知沟的比较，而关于政治知沟的研究则大多使用国外数据。如卢路（2010）通过问卷调查与深度访谈结合的方式，探讨了社会层面因素和个体因素对癌症预防相关知识掌握程度的影响，并证实了我国城乡之间存在健康知沟[③]。姚峥（2012）的研究发现城乡健康知沟存在的直接原因是大众传媒的城乡差异化健康传播以及城乡居民接纳程度差异，根本原因是城乡经济发展的不均等。[④] 可见，由于地区开发和社会发展研究是知沟假说的主要应用研究领域之一，我国城乡之间的健康知沟成为研究重点，但同时也说明在关于健康知沟的研究上我国学者仍需要从更多的视角对知沟假

---

① 董晨宇. 媒体、知识与社会平等——知识社会学视角中的知沟假说研究 [D]. 中国人民大学新闻学院博士论文. 北京 .2014.

② Hwang, Y. & Jeong, S. H. Revisiting the knowledge gap hypothesis: a meta-analysis of thirty five years of research. Journalism and Mass Communication Quarterly, 2009，86（3），513-532.

③ 卢路. "知识沟"在我国城乡癌症传播中的实证研究. 第五届中国健康传播大会. 北京 .2010.

④ 姚峥. 城乡健康传播中的知识沟问题及其对策研究 [D]. 成都理工大学硕士论文. 成都 .2012.

说做出回应，并对健康知沟的形成机制进行深入分析。

从知沟假说的研究发展来看，虽然很多实证研究结果支持了知沟假说，但不是所有研究都发现了基于社会经济地位的知沟[①]，这使得一些学者开始从其他角度提供可选的解释。Ettema 和 Kline（1977）指出，信息的功效会影响信息获取，知沟的出现不是因为教育差异而是因为动机和信息显著性（从而带来的功效）差异，如果信息被一个社会系统的成员认为是有用的，那么基于教育的知沟现象就不太容易出现。[②] 此后，一些研究虽仍专注于社会经济地位与知沟关系的研究，但更多文献在关注社会经济地位的同时也关注动机因素对知沟形成的影响。因为刺激社会经济地位较低的群体产生动机去获取知识，从而使得基于社会经济地位的知沟更小，这从某种角度来说具有超越个体层面的非常重要的实践意义。[③] 因此，仅关注我国城乡之间的健康知沟从实践层面来看无法对目前的现实问题做出回应，因为短期内要改变其结构性特征如社会经济地位或社区结构是不太可行的，而对个体动机和社会经济地位之间交互作用的研究则为短期内找到弥合健康知沟的有效途径提供了一种可能。同时，受中国特殊国情的影响，知沟现象在中国的表现及其原因与北美可能并不完全一致，许多问题还需要我们进一步深入研究。[④]

---

① Gaziano, C. Forecast 2000:widening knowledge gaps. Journalism and Mass Communication, 1997, 74(2), 237–264.

② Ettema, J. S. & Kline, F. G. Deficits, differences and ceilings:contingent conditions for understanding knowledge gap. Communication Research, 1977, 4(2), 179–202.

③ Kwak, N. Revisiting the knowledge gap hypothesis–education, motivation, and media use. Communication Research, 1999, 26(4), 385–404.

④ 刘海龙. 大众传播理论——范式与流派 [M]. 北京：中国人民大学出版社 .2008.165.

综上，本文将采用北京、合肥健康与癌症信息调研数据（样本量为2568）[①]，比较个体动机与社会结构性因素（即社会经济地位）在癌症知沟形成过程中的作用大小，并对个体因素和社会结构性因素之间的交互作用进行分析，探讨到底是社会经济地位还是动机变量对知识差异产生更为重要的影响，如果教育对知识水平差异有着显著的预测作用，那么动机因素是否能够缩小由教育程度造成的这种知识差异，从而从宏观的社会结构和微观的个体层面对知沟现象进行跨层次的解释。除此之外，本文还将进一步分析动机和媒体使用对知沟大小的交互作用表现形式，探讨同样的媒体使用频度对不同动机水平群体的癌症知识获取是否有着同样的影响，如果影响不同，那么具体是如何表现的？

## 一、文献综述和研究假设的提出

### （一）文献综述和研究模型的选择

知沟研究长期讨论知识差异的最终决定因素是教育、动机还是其他变量，并着重关注社会经济地位与动机在解释知识差异时的关系。实证研究已经证明了基于教育缺陷的知识不平等是可

---

[①] 该数据来源于中国人民大学舆论研究所、国家癌症中心与中国健康中心在2012年所进行的"北京、合肥癌症与健康信息调查"。该调查的问卷设计借鉴了美国HINTS的调查问卷，并根据中国的国情和社会情况进行了修订。主要包含以下五个部分的内容：1.健康信息获取与寻求方面的情况；2.癌症信息获取与寻求方面的情况；3.健康状况；4.医疗保健方面的情况；5.个人的基本情况和社会关系。该调查中涉及癌症知识测量、个体对不同媒体的接触频率以及个体主动获取癌症知识的动机等变量的测量，因此也适用于作为知沟假说验证的数据。

以通过信息与个人的相关性或兴趣因素改变或转变的（至少部分地），[①] 但迄今为止，在这两者之间如何相互作用以决定知识产出方面还未形成一致结论。[②] 关于解释知识获取时社会经济地位和动机之间关系的各种理论模型的验证也没有得到学者的充分关注，有待于进一步用实证研究来弥补这一不足。如何阐明社会结构与个人需求之间的关系，应该是这个假说进一步要回应的问题，这需要提出更为全面的解决结构与文化、宏观与微观矛盾的理论解释框架。[③]

在蒂奇诺等人看来，个人兴趣、动机与社会结构的视角并非对立，因为人们根据话题兴趣结合为兴趣群体，又通过兴趣群体结合为社区，而正是兴趣群体提供了社会和政治行为的基础。[④] 也有学者认为兴趣与教育程度并不总是相互独立的，在一些情况下，随着教育提升，对具体某话题的兴趣也会上升，因此教育和个人兴趣总是相互增强的因素。[⑤] 由此延伸出了两种相对立的以教育为社会经济地位指标的解释模型，即缺陷模型（Deficit Model）和差异模型（Difference Model）。缺陷模型沿袭了经典

---

[①] 董晨宇. 媒体、知识与社会平等——知识社会学视角中的知沟假说研究 [D]. 中国人民大学新闻学院博士论文. 北京 .2014.

[②] Gao, K. Deficiencies vs. differences: Predicting older women's knowledge levels on breast cancer. Paper presented to International Communication Association 2003 Annual Meeting. San Diego, 2003.CA.

[③] 刘海龙. 大众传播理论——范式与流派 [M]. 北京 : 中国人民大学出版社 .2008，161.

[④] 董晨宇. 媒体、知识与社会平等——知识社会学视角中的知沟假说研究 [D]. 中国人民大学新闻学院博士论文. 北京 .2014.

[⑤] Wirth, Werner Von der Information zum Wissen. Die Rolle der Rezeption f ¨ ur die Entstehung von Wissensunterschieden. Opladen: Westdeutscher Verlag.1997. 转 引 自: Bonfadelli, H. . The internet and knowledge gaps: a theoretical and empirical investigation. European Journal of Communication, 2002，7（1），65–84.

知沟假说，认为动机因素是第二位的，它并不是独立于教育的一个因素，因为动机因素会随教育程度提高而上升，也就是说动机是受社会经济地位影响的一项中介因素。而在差异模型中，学者试图证明兴趣差异在知沟的形成过程中比较重要，也就是说不是传播技能和信息处理能力的差异，而是不同社会经济地位群体对不同媒体信息的兴趣，最终导致各社会经济地位群体之间的知识获取差异。[①] 也有学者将知沟研究采用的解释模型总结为因果关系模型（Casual Association Model）、竞争解释模型（Rival Explanation Model）和动机条件模型（Motivation Contingency Model）。[②] 具体来看，因果关系模型与缺陷模型相对应，都强调社会经济地位（通常是教育指标）对动机的决定作用，两者间存在着因果联系。[③] 这一主线的研究发现教育和其他社会经济地位指标对知沟的影响通过各种动机因素作为中介变量发生作用。因果关系模型（缺陷模型）并没有挑战最初只强调社会经济地位作用的知沟假说，而是从知识获取过程去修正最初的假说。在竞争解释模型看来，教育和动机（如事件兴趣或关注程度）在媒体信息获取过程中是相互独立且竞争的解释因素，基本可以和差异模

---

① 例如：Genova, B. K. L. & Greenberg, B. S. Interests in news and the knowledge gap. Public Opinion Quarterly, 1979, 43(1), 79–91.; Ettema, J. S. & Kline, F. G. Deficits, differences and ceilings: contingent conditions for understanding knowledge gap. Communication Research, 1977, 4(2), 179–202.

② Kwak, N. Revisiting the knowledge gap hypothesis–education, motivation, and media use. Communication Research, 1999, 26(4), 385–404.

③ 例如：Fredin, E., Monnett, T. H. & Kosicki, G. M. Knowledge gaps, social locators, and media schemata: gaps, reverse gaps, and gaps of disaffection. Journalism Quarterly, 1994, 71(1), 176–190.; Mcleod, D. & Perse, E. M. Direct and indirect effects of socioeconomic status on public affairs knowledge. Journalism Quarterly, 1994, 71(2), 433–442.

*126*

型相对应，只不过后者更加强调动机的解释力。[①]

本研究将采用动机条件模型作为研究的理论模型，因为从后续的研究中可以看出这一模型受到学者最为广泛的关注，并得到较多研究结果的支持。[②] 在动机条件模型中，动机影响了社会经济地位和知识水平之间的关系，即将动机作为一个调节变量来考察，在验证中更多考虑社会经济地位和个人动机之间的交互关系。如果教育和动机变量之间的交互作用显著则意味着一个人的动机可以调节教育所导致的知沟，于是当教育程度低的人有着较高水平的动机时可以减小基于教育的知沟。

## （二）关于动机与教育交互作用的研究假设

学者在从个体动机角度解释知沟现象的过程中提出了各种不同的动机变量指标，如感知风险、事件兴趣、事件显著度、认知和行为卷入度（对议题的相关活动）、自我效能等。[③] 动机是一种中间变量，它不能直接观察，只能通过个体当时所处的情景及其

---

① 例如：Chew, F. & Palmer, S. Interest, the knowledge gap, and television programming. Journal of Broadcasting and Electronic Media, 1994, 38（3），271-387.; Horstmann, R. Knowledge gap revisited: secondary analyses from Germany. European Journal of Communication, 1991, 6（1），77-93.; Ettema, J. S. & Kline, F. G. Deficits, differences and ceilings: contingent conditions for understanding knowledge gap. Communication Research, 1997, 4（2），179-202. 等。

② 董晨宇. 媒体、知识与社会平等——知识社会学视角中的知沟假说研究 [D]. 中国人民大学新闻学院博士论文. 北京 .2014.

③ Shim, M. Connecting Internet use with gaps in cancer knowledge. Health Communication, 2008, 23（5），448-461.; Gao, K. Deficiencies vs. Differences: Predicting older women's knowledge levels on breast cancer. Paper presented to International Communication Association 2003 Annual Meeting. San Diego, CA.2003.

行为表现推断个体行为的原因[①]，同时由于引发动机的因素是多重的，它的产生受个体内外多种因素的影响，因此信息的相关性、显著性、引起的兴趣和卷入度等因素都会直接或间接地刺激动机的形成。考虑到动机对知沟影响的研究结论并不一致，一些学者开始强调动机类型对信息获取的影响。[②]Ettema 和 Kline（1977）也建议从更多维度概念化和检测动机对知沟的影响。[③] 因此在后续研究中，学者们采用的动机指标是较为多元的，从感知风险到显著性，再到认知需求，反映出学者从不同动机维度探讨知沟形成过程的尝试。

当进行健康领域的知沟检验时选择的动机变量测量指标主要是感知风险，而在社会—政治议题领域则主要选择兴趣与卷入度指标。这是因为促使我们获取健康和政治知识的因素有很大不同，健康信息的掌握与风险控制有关，因此感知到的患病风险会极大地促进人们对健康信息接触、搜寻、理解与储存，从而获得更多相关知识。因此患癌风险感知将作为本文的动机指标之一，具体指的是人们关于他们对某一疾病的易感性的看法。[④] 除此之外，本文还将选择自我效能、情感卷入度和行为卷入度作为其他的动机指标。自我效能这一概念在大量的健康传播研究领域都会使用到，如药物使用、性活动、吸烟、体重控制和合理饮食。健

---

① 郭德俊.动机心理学：理论与实践 [M]. 北京：人民教育出版社 .2005.5.

② Viswanath, K., Kahn, E., Finnegan, J. R. Jr, Hertog, J. & Potter, J. D. Motivation and the "knowledge gap": effects of a campaign to reduce diet-related cancer risk. Communication Research, 1993, 20（4）, 546–563.

③ Ettema, J. S. & Kline, F. G. Deficits, differences and ceilings: contingent conditions for understanding knowledge gap. Communication Research, 1977, 4(2), 179–202.

④ Rimal, R. N. Closing the knowledge–behavior gap in health promotion: the media role of self–efficacy. Health Communication, 2000, 12(3), 219–238.

康领域的自我效能主要是指一个人可以成功改变其行为以提升个人健康状况的预期。[①] 提升自我效能不仅对知识获取有直接影响（正如健康领域许多研究所显示的），也可将这种知识转化成行为。因此有学者指出，仅有感知风险而没有自我效能的测量会破坏动机因素的解释力。[②] 在自我效能高的人群中，知识与行为之间的相关性也更高。从时间序列来看，自我效能提高后知识与行为之间的相关性加大，反之亦然。[③] 提升自我效能不仅对健康知识的获取有直接影响，也会提升把这种知识转化成行为的可能性。可见，自我效能除了能有效预测知识的获取外，还能对下一阶段的行为产生影响，是健康运动中经常采用的一个动机指标，但还没有获得知沟研究领域足够的重视，因此本书将自我效能感纳入研究范畴，以进一步丰富该领域的研究成果。卷入度也是知沟研究领域经常采用的一个动机指标，然而仅限于政治知沟研究，较少有学者关注卷入度和不同社会经济地位群体间健康知识差异的关系（即使涉及也大多是作为控制变量处理）。而事实上，考察媒体传播渠道的信息流对知识获取的影响，就不得不考虑卷入度这个概念，因为它影响着人们如何加工从各种媒体渠道获得的信息，并最终决定哪一部分信息被储存下来形成相关的知识。

①　Rimal, R. N.Closing the knowledge-behavior gap in health promotion: the media role of self-efficacy. Health Communication, 2000, 12（3）, 219-238.

②　Gao, K. Deficiencies vs. differences: predicting older women's knowledge levels on breast cancer. Paper presented to International Communication Association 2003 Annual Meeting. San Diego, CA.2003.

③　Rimal, R. N. Closing the knowledge-behavior gap in health promotion: the media role of self-efficacy. Health Communication, 2000, 12（3）, 219-238.

因此本书将采用情感维度和行为维度的卷入度指标 [①] 探讨其对癌症知识获取的影响以及卷入度与教育之间的交互作用。已有研究显示，动机指标不同，关于知沟及其影响因素的结论会有很大不同，前人的研究也大多是分别检验动机各指标与教育在知识获取中的各自作用及相互作用，而不是将多个动机指标合成一个综合指标。因此本书延续这一做法，分别检验不同动机指标在知沟形成过程中的作用（如果知沟现象存在的话）。

综上，本书将动机指标概念化为感知风险、自我效能、情感卷入度、行为卷入度几个指标，并假设教育程度和几个动机指标都对癌症知识水平有正向影响，提出如下假设。

H1：教育程度较高的群体比教育程度低的群体有着更高的癌症知识水平。

H2a：感知患癌风险高的群体比感知患癌风险低的群体有着更高的癌症知识水平；

H2b：自我效能高的群体比自我效能低的群体有着更高的癌症知识水平；

H2c：情感卷入度高的群体比情感卷入度低的群体有着更高的癌症知识水平；

H2d：行为卷入度高的群体比行为卷入度低的群体有着更高

---

[①] 卷入度有三个维度：认知、情感和行为。参见：Chaffee, S. H. & Roser, C. Involvement and the consistency of knowledge, attitudes, and behaviors. Communication Research, 1986, 13（3）, 379–399。学者 Chew（1992）则从认知、情感、行为三个维度定义了动机。1.认知维度：议题对于个人的相关性或显著性；2.情感维度：对一个话题的地理、物理和心理接近性；3.行为维度：对议题相关活动的卷入度。已有研究显示情感或行为维度的动机比认知维度更有预测性。这也是本书选择卷入度作为动机变量的原因之一。

的癌症知识水平；

目前关于动机和教育两者间的具体交互作用还未形成完全一致的结论，但总的说来大部分研究结论支持在教育和动机之间存在交互作用，即动机水平对不同教育程度群体的知识获取影响不同，动机对教育程度低的群体的影响要大于对教育程度高的群体的影响，也就是说，随着动机水平的提升，教育程度低的群体将比教育程度高的群体获得更多的知识，于是不同教育程度群体间的知识水平差异会有所缩小，从而缩小了由教育不平等带来的知识不平等。[①]

基于上述分析本书提出如下假设。

H3a：在教育和感知患癌风险之间存在交互作用，具体表现为随着感知患癌风险的提升，教育程度低的群体比教育程度高的群体获得更多的知识，从而缩小了基于教育程度差异的知沟。

H3b：在教育和自我效能感之间存在交互作用，具体表现为随着自我效能感的提升，教育程度低的群体比教育程度高的群体获得更多的知识，从而缩小了基于教育程度差异的知沟。

H3c：在教育和情感卷入度之间存在交互作用，具体表现为随着情感卷入度的提高，教育程度低的群体比教育程度高的群体获得更多的知识，从而缩小了基于教育程度差异的知沟。

H3d：在教育和行为卷入度之间存在交互作用，具体表现为随着行为卷入度的提高，教育程度低的群体比教育程度高的群体获得更多的知识，从而缩小了基于教育程度差异的知沟。

---

[①] Gaziano, C. Forecast 2000: widening knowledge gaps. Journalism and Mass Communication, 1997, 74（2）, 237–264.

（三）关于动机与媒介使用交互作用的研究假设

本书还将进一步探讨动机和媒体使用间是否存在交互作用，具体要检测人们对癌症信息获取的动机水平是否调节了媒体使用对不同社会经济地位群体间知沟的影响，以及这种影响是如何发生的。已有研究仅强调媒体使用和教育在基于不同社会经济地位群体间知沟中的交互作用。①而实际情况是，除了分析媒体使用在知沟形成中与社会经济地位有交互作用，为更好解释媒体使用到底发挥了什么作用，并考虑到已有研究强调动机对不同社会经济地位群体知识获取的重要性，需要对媒体使用在不同动机水平间对知沟的影响是否一样进行实证检验。

当一个事件没有以低社会经济地位群体感知到与他们具有相关性（或对他们比较重要）的方式来框架时，频繁的媒介使用并无法缩小不同社会经济地位群体间的知沟。因此需要关注一个事件如何在媒介中定义、它的显著性如何、与低社会经济地位群体的相关性等动机因素与媒体使用之间的交互作用对知沟的影响。总的说来，关于媒体使用、动机对知沟形成的交互作用研究相对较少，已有研究中 Kwak（1999）发现，在媒体使用、动机、教育之间的交互作用方面，仅有教育 * 信息运动兴趣 * 报纸注意率这一交互变量显著影响着知识获取，其他媒体使用与教育、动机间的交互作用不显著。即人们对报纸的注意如何调节教育与知识获取之间的关系取决于人们对相关信息运动的兴趣高低。当人们对该运动的兴趣较低时，随着人们对报纸注意力提升，高低教育

---

① Kwak, N. Revisiting the knowledge gap hypothesis—education, motivation, and media use. Communication Research, 1999, 26(4), 385–404.

程度群体间知沟会扩大，教育程度较高的群体从报纸深度阅读中获取知识较多；当人们对信息运动的兴趣较高时，随着人们对报纸注意力提升，高低教育程度群体间知沟会缩小。[1] 还有学者分析新闻媒体使用、兴趣/卷入度和教育对知识差异的解释力，结果显示教育和电视的国际新闻使用，以及教育和卷入度对知识获取有显著的交互作用，从而缩小了知沟，而教育和兴趣相互作用扩大了知沟，通过三重交互分析发现，教育、卷入度和媒体使用对知识获取的交互作用显著，这意味着教育程度低和卷入度低的群体有机会在知识获取上赶上其他群体。[2] 也有一些研究得出混合的结论，例如 Liu 和 Eveland（2005）的研究显示仅有部分数据支持电视新闻使用在兴趣不高的人群中比兴趣高的人群中与知识有着更强的关系，也有部分数据支持报纸使用在认知需求高的群体中比认知需求低的人群中与知识的关系更强。[3] 其他大部分涉及社会经济地位、动机和媒体使用之间关系的文献，要么将动机变量作为控制变量处理，或将媒体使用作为控制变量处理，较少探究媒体、动机、教育三个变量对知识获取的交互作用。

基于以上分析，本部分提出如下假设。

H4a：当人们感知患癌风险较小时，随着人们对大众媒体接触频度提升，高低教育程度群体间的知沟会扩大；当人们感知患

---

[1] Kwak, N. Revisiting the knowledge gap hypothesis–education, motivation, and media use. Communication Research, 1999, 26(4), 385–404.

[2] Beaudoin, C. E. The independent and interactive antecedents of international knowledge. Gazette: the International Journal for Communication Studies, 2004, 66(5), 459–473.

[3] Liu, Y. I. & Eveland Jr, W. P. Education, need for cognition, and campaign interest as moderators of news effects on political knowledge: An analysis of the knowledge gap. Journalism & Mass Communication Quarterly, 2005, 82(4), 910–929.

癌风险较大时，随着人们对大众媒体接触频度提升，高低教育程度群体间的知沟会缩小。

H4b: 当人们的自我效能感较弱时，随着人们对大众媒体接触频度提升，高低教育程度群体间的知沟会扩大；当人们的自我效能感较强时，随着人们对大众媒体接触频度提升，高低教育程度群体间的知沟会缩小。

H4c: 当人们的情感卷入度较低时，随着对大众媒体接触频度提升，高低教育程度群体间的知沟会扩大；当人们的情感卷入度较高时，随着人们对大众媒体接触频度提升，高低教育程度群体间的知沟会缩小。

H4d: 当人们的行为卷入度较低时，随着人们对大众媒体接触频度提升，高低教育程度群体间的知沟会扩大；当人们的行为卷入度较高时，随着人们对大众媒体接触频度提升，高低教育程度群体间的知沟会缩小。

## 二、变量测量

### （一）控制变量

人口统计学变量能在一定程度上预测媒介使用和健康知识，因此本研究中将收入、年龄、性别、婚姻等变量作为控制变量处理。除此之外，被试所属区域（城乡）、自评健康状况、媒体使用也对健康知识有显著预测作用，因此这几个变量也作为控制变量处理。在分析动机和社会经济地位之间的交互作用时，将被试总体的媒体使用作为控制变量处理，而在分析动机与媒体使用之间的交互作用时，将媒体使用作为自变量处理。

（二）因变量

癌症知识：问卷中共有8个问题是关于癌症知识的，最后将8个问题得分相加就是其总的癌症知识得分（M=3.79，SD=1.86）。

（三）自变量

社会经济地位：以往研究中社会经济地位的测量主要是采用教育指标，本书沿用这一做法采用教育指标代表社会经济地位，将初中及以下赋值"1"，高中赋值"2"，大专及以上赋值"3"。

动机：在本书中将使用四种类型的动机变量，即感知患癌风险、自我效能、情感卷入度和行为卷入度。

媒体使用：在媒体使用变量上主要采用关于报纸、杂志、广播、电视、网络五种媒体使用频率的数据，在问卷中对应的问题是："在过去12个月，您是否经常使用以下媒体？"

## 三、研究结果

（一）动机与教育程度对知识水平的预测作用分析

将性别、年龄、婚姻、所属地区（城乡）、收入、自评健康状况作为控制变量，教育程度、患癌风险感知、自我效能感、情感卷入度、行为卷入度作为自变量，教育 * 患癌风险感知、教育 * 自我效能感、教育 * 情感卷入度、教育 * 行为卷入度作为交互变量对癌症知识做多元阶层回归分析后结果见表13。[①] 该表

---

① 为了解决多重共线性问题，交互变量在进入回归前都被中心化处理。下同。

显示，控制变量可以解释因变量总变差的4.5%（p<.001），其中对癌症知识水平预测能力最强的变量是自评健康状况（β=.078，p<.001），其次为年龄（β=.071，p<.01）、媒体使用（β=.068，p<.01）和城市（β=.045，p<.05），而性别、婚姻状态、收入等变量对被试的知识获取均无显著影响。也就是说自评健康状况越好，人们的癌症知识得分也越高，媒体使用频率和年龄均会影响癌症知识的获取，城市人口和农村人口在癌症知识上存在显著差异。

在控制了人口统计变量和自评健康状况、媒体接触等因素对癌症知识的影响后，自变量可以解释因变量总变差的3.6%（p<.001）。其中对癌症知识水平预测能力最强的变量是自我效能（β=.139，p<.001），其次是情感卷入度（β=.124，p<.001）、教育程度（β=.096，p<.001）、行为卷入度（β=.089，p<.001）和感知患癌风险（β=.003，NS[①]）。这意味着部分动机变量（例如自我效能和情感卷入度）对知识的预测能力要强于教育程度，而部分动机变量（如行为卷入度和感知患癌风险）对知识的预测能力不如教育程度。特别是感知患癌风险对癌症知识的预测能力并不显著，感知风险越高，癌症知识水平反而越低。

具体来看各自变量对癌症知识的影响情况，教育程度能显著预测癌症知识水平，也就是说不同教育程度群体间的健康知识差异是显著的。β系数为正，意味着这一结果证明了假设H1，即教育程度较高的群体比教育程度低的群体有着更高的癌症知识水平。

---

① 意味着p>0.05，从统计意义上看影响不显著。下同。

表 13 对癌症知识的多元阶层回归分析

| 变量 | 模型1B | 模型2B | 模型3B | 模型4 |
|---|---|---|---|---|
| 组1 | | | | |
| 男性 | -.045* | -.044* | -.035 | -.032 |
| 年龄 | .049* | .073** | .071** | .071** |
| 婚姻 | .002 | .007 | .000 | -.001 |
| 城市 | .085*** | .053* | .048* | .045* |
| 收入 | .041 | .014 | .016 | .011 |
| 自评健康状况 | .111*** | .113*** | .081*** | .078*** |
| 媒体使用 | .131*** | .110*** | .080*** | .068** |
| 组2 | | | | |
| 教育程度 | | | | .096*** |
| 组3 | | | | |
| 感知患癌风险 | | | .091*** | .003 |
| 自我效能 | | | | .139*** |
| 情感卷入 | | .101*** | -.016 | .124*** |
| 行为卷入 | | | .119*** | .089*** |
| 组4 | | | | |
| 教育*患癌风险感知 | | | .121*** | .082*** |
| 教育*自我效能 | | | .071*** | .076*** |
| 教育*情感卷入 | | | | -.026 |
| 教育*行为卷入 | | | | .052* |
| R2（%） | 4.5 | 5.0 | 8.1 | 9.0 |
| F | 17.64*** | 17.23*** | 19.23*** | 16.43*** |

注：* 表示 <0.05，** 表示 p<.01，*** 表示 p<.001，表中 β 系数为标准化回归系数。性别、城乡、婚姻作为哑变量处理，女性、农村/郊区和未婚作为参照组。

动机因素也对健康知识获取有显著预测作用，当以是否能很好管理自己身体健康的自我效能感以及情感卷入度、行为卷入度为动机指标测量动机因素对被试癌症知识的影响时发现，三个因素都显著预测了被试的癌症知识，也就是说人们在自我效能感和情感、行为卷入度上的差异会导致癌症知识水平的差异。具体来看自我效能感、情感卷入度和行为卷入度与癌症知识间的 β 系数均为正，意味着自我效能感越高，癌症知识得分越高；情感卷入越高，癌症知识得分越高；行为卷入度越高，癌症知识得分也越高，这就支持了假设 H2b（自我效能感高的群体比自我效能感低的群体有着更高的癌症知识水平）、假设 H2c（情感卷入度高的群体比情感卷入度低的群体癌症知识水平更高），以及假设 H2d（行为卷入度高的群体比行为卷入度低的群体有更多的癌症知识）。除此之外，感知到的患病风险则对被试的癌症知识水平没有显著预测作用，这一结论没有支持假设 H2a。总之，当以患癌风险感知、自我效能感、情感卷入度和行为卷入度四个动机变量探讨其对知识获取的影响时，仅有部分结论支持动机水平对知识水平的预测作用，动机变量造成的癌症知识水平差异因动机指标的选择而有所不同。

## 四、动机与教育的交互作用分析

关于动机与教育之间的交互作用，表13显示，教育与患癌感知风险（ β =.082，p<.001）、自我效能感（ β =.076，p<.01）和行为卷入度（ β =.052，p<.05）之间均存在显著的交互作用，其中感知患癌风险对由教育程度差异引起的知沟的影响要略大于自我效能和行为卷入度。可见感知患癌风险和自我效能感作为动机因素鼓励着人们接触更多的癌症相关信息从而获得了更多癌症知识，因此可以缩小由教育程度不同造成的知沟。图7显示了教育程度与感知患癌风险之间的具体交互作用方式，图中直线的斜率

越大，说明感知患癌风险对基于教育的知识获取影响越大，反之亦然。虽然感知患癌风险对癌症知识获取的主效应并不显著，但从图7可以看出它显著调节了教育与知识获取之间的关系，而对不同教育程度群体间知识差异的影响方向并不一致。对于教育程度低的群体而言，感知患癌风险越高，其所获得的知识就越多；对教育程度较高的群体而言，感知患癌风险的高低负向影响了其知识获取，也就是说在这一群体中，感知风险越高，其癌症知识水平反而越低。这样，教育程度低的群体因感知到的患癌风险而提升了癌症知识获取速度；教育程度高的群体因感知到的患癌风险而阻碍了其相关知识的获取，从而从整体上缩小了不同教育程度群体间的知识差异。这就证明了假设 H3a，即随着感知患癌风险的提升，教育程度低的群体比教育程度高的群体获得更多的知识，从而缩小了基于教育程度差异的知沟。

再来看教育程度与自我效能感之间的具体交互作用，图8显示，对于教育程度低的群体而言，自我效能越高，其所获得的癌症知识就越多；对教育程度较高的群体而言，自我效能感对其知识获取影响较小（斜率越大，说明自我效能对知识获取的影响越大）。也就是说，虽然自我效能感能够显著促进人们的癌症知识获取，但在不同教育程度群体间这个速度是不同的，教育程度低的群体因自我效能感而提升的癌症知识要多于教育程度高的群体，从而缩小不同教育群体间的知识差异，于是证明了假设 H3b，即随着自我效能感的提升，教育程度低的群体比教育程度高的群体获得更多的知识，从而缩小了基于教育程度差异的知沟。

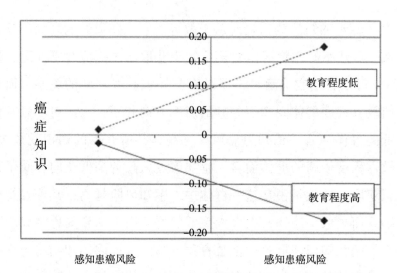

图 7　感知患癌风险对教育与癌症知识关系的调节作用 [1]

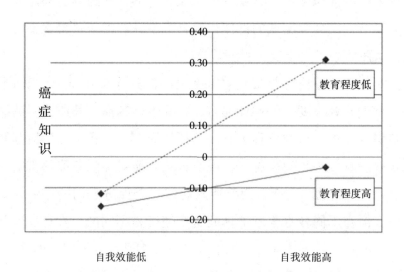

图 8　自我效能对教育与知识之间关系的调节作用图

_____

① 本图根据标准化系数绘制，据《管理研究方法原理与应用》一书，虽然与非标准
　　化系数绘制的图有细微差别，但总体外观是一样的，不会影响我们对研究结果的
　　解读。参见：刘军 . 管理研究方法：原理与应用 [G]. 北京：中国人民大学出版社，
　　2003.351.

　　图9显示了教育程度与行为卷入度的具体交互作用方式。从该图可以看出，不同教育程度的群体都随着行为卷入度的提高而获取了更多的癌症知识，但其知识提升的速度并不相同。总的说来，行为卷入度促使教育程度低的群体以更快的速度获取癌症知识（相较于教育程度高的群体），从而使得不同教育群体间的知识差异趋于缩小，于是证明了假设 H3d，即随着行为卷入度的提高，教育程度低的群体比教育程度高的群体获得更多的知识，从而缩小了基于教育程度差异的知沟。

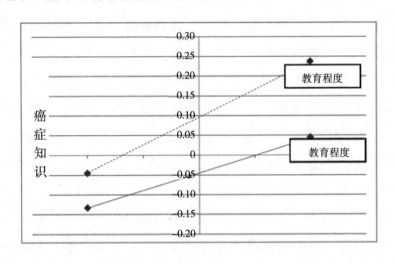

**图9　教育程度和行为卷入度之间的交互作用**

　　总之，相对而言，感知患癌风险、自我效能和行为卷入度对教育程度低的群体知识获取的影响要大于教育程度高的群体，从而调节了不同教育程度群体间的癌症知沟。需要注意的是，这一影响虽然在统计上是显著的，但从决定系数来看对 H3a、H3b 和 H3d 提供的数据支持较为薄弱。而情感卷入度等其他动机因素与教育之间的交互作用不显著，也就是说虽然情感卷入度对癌症知识有显著预测作用，但不能显著调节教育与知识之间的关系，不同教育程度间的癌症知识差异不会因为情感卷入度的高低而有显著变化，因此假设 H3c 没有得到证明。

## 五、动机与大众媒体使用的交互作用分析

表14显示的是将性别、年龄、婚姻、所属地区（城乡）、收入、自评健康状况作为控制变量，教育程度、感知患癌风险、自我效能感、情感卷入度、行为卷入度、媒体使用作为自变量，媒体使用 * 患癌风险感知、媒体使用 * 自我效能感、媒体使用 * 情感卷入度、媒体使用 * 行为卷入度作为交互变量对癌症知识获取做多元阶层回归分析后的结果。从表13可以看出，所有控制变量解释了因变量总变差的3%，在排除控制变量的影响后，教育、媒体使用和各动机变量可以解释因变量总变差的5.1%（p<.001）。而交互变量虽然仅解释因变量总变差的0.4%，但媒体使用与感知患癌风险、自我效能感之间均存在显著的交互作用，其中自我效能感与媒体使用之间的交互作用最强（β=.069，p<.001），其次是自我效能感（β=.059，p<.01），情感卷入度、行为卷入度与媒体使用之间均不存在显著的交互作用。

**表 14 媒体使用与动机对癌症知识获取的多元回归分析**

| 变量 | 模型 1 B | 模型 2 B | 模型 3 β |
|---|---|---|---|
| 组 1 | | | |
| 男性 | −.043* | −.035 | −.037 |
| 年龄 | .013 | .071** | .069** |
| 婚姻 | .002 | .000 | .002 |
| 城市 | .092*** | .048* | .047 |
| 收入 | | .016 | .017 |
| 自评健康状况 | | .081*** | .080*** |
| 组 2 | .070** | | |
| 教育程度 | .113*** | .091*** | .088*** |
| 感知患癌风险 | | −.016 | −.007 |
| 自我效能 | | .119*** | .127*** |
| 情感卷入 | | .121*** | .121*** |
| 行为卷入 | | .071*** | .077*** |
| 媒体使用 | | .080*** | .078*** |
| 组 3 | | | |
| 媒体使用 * 患癌风险感知 | | | .059** |
| 媒体使用 * 自我效能 | | | .069*** |
| 媒体使用 * 情感卷入 | | | −.024 |
| 媒体使用 * 行为卷入 | | | −.009 |
| R2（%） | 3.0 | 8.1 | 8.5 |
| F | 14.02*** | 19.23*** | 15.47*** |

注：* 表示 <0.05，** 表示 p<.01，*** 表示 p<.001，表中 β 系数为标准化回归系数。性别、城乡、婚姻作为哑变量处理，女性、农村 / 郊区和未婚作为参照组。

　　从动机与媒体使用之间的具体交互作用来看，图 10 显示，对于感知患癌风险较低的群体而言，媒体使用的增加反而导致其癌症知识水平的下降，而对于感知患癌风险较高的群体而言，随着媒体使用频率提高，其癌症知识水平也显著提升，从而缩小了知沟。因此证明了假设 H4a，即当人们感知患癌风险较小时，随着人们对大众媒体接触频度提升，高低教育程度群体间的知沟会扩大；当人们感知患癌风险较大时，随着人们对大众媒体接触频度提升，高低教育程度群体间的知沟会缩小。另外，虽然从直线斜率来看，媒体使用对感知患癌风险低的群体的影响要大于感知患癌风险高的群体，但这种影响因为是负向的，所以反而不利于知识的获取。

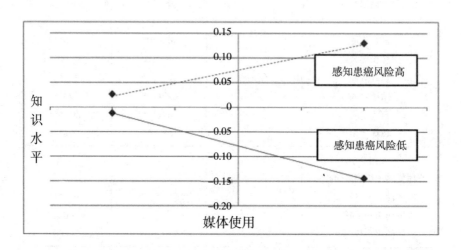

**图 10　感知患癌风险对媒体使用与癌症知识水平间关系的调节作用**

图 11 显示，媒体使用与知识水平之间的关系在具有较高自我效能感的人群中比在具有较低自我效能感的人群中更弱，因为图中直线斜率越大意味着关系越强。对于自我效能感低的群体来说，随着媒体使用频率的提高，其癌症知识水平提高的速度不如自我效能感高的群体，因为图中直线斜率越大，也说明知识随媒体使用增长的速度越快。从另一角度说，自我效能感越高，从媒体使用中获得的知识越多，自我效能感越低，从媒体使用中获

得的知识越少（相对于前者），从而缩小了不同教育群体间的知沟。于是证明了假设 H4b，即当人们的自我效能感较弱时，随着人们对大众媒体接触频度提升，高低教育程度群体间的知沟会扩大；当人们的自我效能感较强时，随着人们对大众媒体接触频度提升，高低教育程度群体间的知沟会缩小。

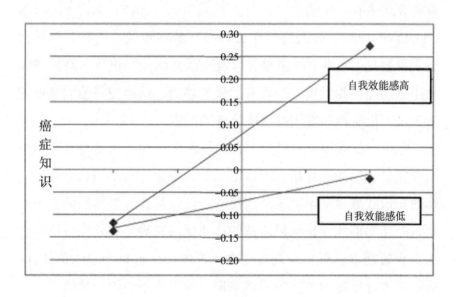

图 11　自我效能感对媒体使用与癌症知识水平间关系的调节作用

## 六、研究结果讨论

本文通过教育程度、各动机变量以及教育程度和各动机变量之间交互变量对癌症知识的回归分析发现，教育和大部分动机变量都能显著预测癌症知识水平，部分动机变量对癌症知识的预测作用要强于教育，但仍有部分动机变量对癌症知识的预测作用要弱于教育。具体来看，自我效能感和情感卷入度高低造成的癌症知识差异要大于教育程度高低造成的癌症知识差异，而行为卷入和感知患癌风险高低造成的知识差异则小于基于教育的癌症知识差异，特别是感知患癌风险不能显著预测癌症知识水平，这与已有研究结论有一定的出入。例如 Ho（2012）和 Ettema，Brown & Luepker（1983）等人的研究结果都显示感知风险能显著预测知识水平差异。[①] 本书的结果有可能是因为感知患癌风险高的群体出于恐惧而对相关癌症知识有回避的趋势，从而使得他们的癌症知识水平反而不如感知患癌风险低的群体。

另外，在感知患癌风险、自我效能和行为卷入度与教育程度间存在显著的交互作用，即以上三个动机指标对不同教育程度群体的知识获取影响不同，从而使得不同教育程度群体间的知沟在高风险感知群体中比低风险感知群体低，在高自我效能群体中比低自我效能群体低、在高行为卷入群体中比低行为卷入群体低。而不同教育程度群体间的癌症知识差异大小不会因为情感卷入度的高低而变化，即情感卷入度所刺激的知识获取速度在不同教育程度群体间是一样的。图12更加清晰地描绘了各动机指标、教育对知识获取的影响（图中仅显示有显著影响的变量）。

---

① Ho, S. S. The knowledge gap hypothesis in Singapore: The roles of socioeconomic status, mass media, and interpersonal discussion on public knowledge of the H1N1 Flu Pandemic. Mass Communication and Society, 2012, 15, 695–717.; Ettema, J. S., Brown, J. W. &Luepker, R. V. Knowledge gap effects in a health information campaign. Public Opinion Quarterly, 1983, 47（4）, 516–527.

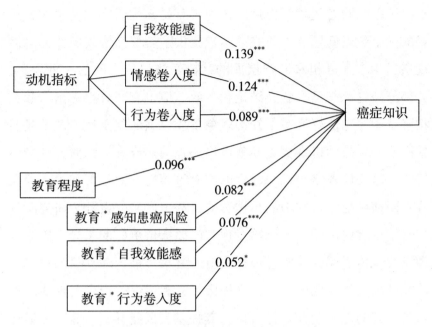

**图12 动机和教育对癌症知识的影响**

从数据分析结果对各种知沟解释模型的支持来看，部分支持了动机条件模型，因为动机指标中感知患癌风险、自我效能和行为卷入度均显著调节了教育和癌症知识之间的关系，同时除了感知患癌风险外的动机指标均能显著预测癌症知识水平差异。除此之外部分动机指标对癌症知识的预测能力比教育程度强，而部分动机指标的预测能力不如教育程度，因此本文研究结论无法支持竞争解释模型。在健康问题上不太适合采用因果关系模型，因为健康议题对于不同社会经济地位的群体有着同样的吸引力，不管职位高低、收入多少、教育程度如何，健康问题都很容易刺激各社会经济地位群体健康知识获取的动机，教育不是健康知识获取动机的决定性因素，所以本书没有就此模型进行验证。

总之，关于动机与教育在知沟形成过程中究竟哪个因素更加重要，以及两者间相互作用的讨论一直是知沟研究领域里非常重要的一个热点问题。本研究的结论提供了解释知沟现象原因时微观层面的个人动机和宏观层面的社会经济地位之间的一种联系，大部分结论都与已有研究结论相一致，但也有部分存在出入甚至相互矛盾。这恰好说明了知沟现象形成原因的复杂性，并不是简单回答教育与动机谁更重要就可以解释的。或许知沟研究的最终目的不是仅仅考察动机与教育的相对重要性，而是更加深入地探索不同动机指标对知沟的具体影响，在不同研究设计、研究背景下其结论有何不同，才能够对现实问题提供更好的指导。因为各种以大众传播媒介为信息传播渠道的健康传播运动其目的仍然是传播健康知识，促成公众良好健康行为和习惯的产生与形成。而知沟假说的理论验证正好可以为其提供实践指导——健康传播运动通过刺激相关信息获取的动机来减少不同教育程度群体间的知识差异，从而为下一步行为的改变提供支持。正如前文的文献综述所显示的，自我效能与个人的健康行为高度相关，而自我效能感的大小可以通过健康促进运动的干预得到改变。从这个意义上说，知沟假说研究的目的更重要的是在于发现哪些动机因素更能促进健康知识的提升，从而促进教育程度低的群体跳出教育程度差距这一难以在短期内改变的社会结构性因素的限制，以获取尽可能多的健康知识，从而产生良好的健康传播效果。

# 第四章

# 认知层：传播媒介对受众长时记忆的影响

## ——基于认知神经传播学的视角

　　媒介技术变迁史就是一部浓缩的人类文明史。作为人类信息传播活动的重要工具，媒介形态处于不断地演化发展中。以媒介技术为轴，追溯媒介形态变化，它的进化就是一个技术与社会相互作用的过程。作为媒介形态变迁的重要驱动力量，技术的每一次迭代更新都带来传播质量和效率的极大提升，增强媒介对前技术环境的复制能力，模糊虚拟与现实的边界。技术的合目的性和合手段性的复合性，又会在技术得到成功推广运用后引发社会制度、社会组织的改变以产生容纳新技术的情境，从而导致人类认知模式、交往方式、社会结构的改变。

　　人是媒介的尺度。以报纸为代表的印刷媒介和以手机为代表的电子媒介是两种不同特性的媒介，它们也在塑造着不同的媒介文化。在不同的媒介使用过程中，人们认知方式、思维习惯是否会受到两种媒介场景中不同信息加工机制的影响？两种媒介的传播效果是否存在差异？这些问题值得我们深入研究。迄今为止，学术界不乏对印刷媒介和电子媒介的对比研究，但大多停留在浅层，以探索型研究居多。且从方法论上看，多是运用质化研究，量化研究不足，研究效度不高。长期以来，人文社科学者受研究手段的局限，对人类信息处理中枢大脑的研究一直游离于传播效果研究之外。如今，关键技术的突破为我们超越"内省"（introspection）①和行为主义的局限，在无意识层面研究媒介传播效果的认知机制创造了条件。为深入探讨受众在不同媒介场景中的信息加工机制，本文将基于传播学、心理学、认知神经科学等的交叉学科思维，采用认知神经科学的方法，从神经层面和行为层面研究印刷媒介和电子媒介的记忆效果。

## 第一节　文献综述

技术作为媒介发展的关键推动力，不断赋予媒介新的功能与价值。印刷媒介的兴起实现了信息的大规模快速传播，使信息传播突破了时间和空间的限制，推动了信息传播的民主化进程。手机媒介则超越了传播载体的内涵，成为影响个人行为与社会生活的结构性力量。如今，手机媒介已经渗透到社会生活的各个角落，依托于手机媒介的移动互联网更是将金融、医疗、教育等与人们生活息息相关的领域融入移动互联网的平台之上。因此，对于媒介，尤其是手机媒介的研究纷繁复杂，多个学科的学者都试图从所处学科的视角出发，在手机媒介研究领域开辟疆土。

本研究尝试从传播学和认知神经科学的视角出发，分别在方法

---

① 内省（introspection）即内部观察的过程，通过让人审视自己的内心来测量其心理活动。通常表现为让人们反思，并回答一系列问题。

层面和理论层面进行文献梳理。在方法层面，主要梳理认知神经科学方法的技术原理与优势，与记忆研究相关的实验范式与测量指标；在理论层面，主要完成对记忆概念的界定，梳理传播学领域的媒介研究的成果，以及运用认知神经科学方法进行传播效果研究的成果。

## 一、方法层面

### （一）认知神经科学方法的技术原理与优势

认知神经科学是基于认知科学与神经科学发展而来的交叉学科领域，旨在运用眼动追踪、脑电等技术测量人脑的认知、情感与意识，以研究人脑功能及其形成机制。目前，认知神经科学的方法已经应用到管理学、经济学等众多学科领域，全新方法和工具的引入不仅推动着学术理论的发展，还为众多经济活动提供指导性依据。

从认知神经科学的视角来看，认知的过程是信息加工的过程，人类的信息加工系统是一个时刻与外部环境发生互动的开放性系统。人们对信息的加工处理，需要由感官系统接收外部环境的信息或刺激，经由加工系统将外部事物以符号的形式实现内部化表征，再通过反应器对外部环境做出反应，并进入记忆系统。因此，认知研究涵盖知觉、注意、记忆等维度。

技术的发展为我们研究人类认知的内部机制提供了多样化的工具与手段，包括眼动仪、脑电、面部表情编码（Facial Action Coding System ，FACS）等。眼动仪是基于眼动追踪技术，通过测量注视、眼跳以及追随运动等指标，考察人们认知加工模式的技术。该技术尤其是在视觉加工以及注意力研究方面有相当优势。面部表情编码技术是通过对人们面部肌肉的变化进行编码，按照一个通用标准系统划分面部表情的类别，并基于此考察人们的情绪、注意等指标。脑电技术是"基于脑电或脑磁信号的脑生理功能成像，记录脑电压在时间维度变化的测量技术"[①]。脑细胞时刻都在进行着电活动，通过记录一段时间序列中由脑细胞放电所产生的电位变化，即可形成脑电图（electroencephalography，EEG）。健康人的自发脑电波幅一般在10~100微伏之间（赵仑，2010），微伏是非常小的电压计量单位，而与事件相关的脑电波则更弱，通常在脑电图中难以被发现，因此，要想在EEG中提取与事件相关的脑电波，就要将多次相同刺激所诱发的脑电波进行叠加放大，从而形成事件相关电位（Event-Related Potentials，ERPs）。

　　长期以来，调查法、实验法、观察法等研究方法逐渐成为传播学领域的主导性研究方法。其中，问卷调查是传播效果研究中最常采用的方法。问卷调查法以被调查者的理性选择等同于最终的行为选择为前提假设，研究可被发现和总结的客观主体的规律性。但是"理性正如现代决策论和概率论阐明的那样，是演绎推理的、符合逻辑的、前后一致的，当应用这些标准来评估人类行为时，经常可以观察到对标准情况的偏离"[②]。另外，认知心理学的研究表明，"人们的决策是认知和情感共同作用的结

---

① 李彪．郑满宁．传播学与认知神经科学研究——工具、方法与应用 [M]．北京：人民日报出版社 .2013：37.

② 蔡曙山主编，江铭虎副主编．人类的心智与认知——当代认知科学重大理论与应用研究 [M]．北京：人民出版社．2016：621.

果，其中的认知包括自主过程（Controlled Processes）和自为过程（Automatic Processes）"①。自主过程是人们可以控制和感知的信息处理过程，而自为过程则是基于无意识的自动加工过程。因此，在现实生活中，人们的行为选择并不完全是理性选择的结果，处于大脑"黑箱"之中的无意识也是影响人们行为实践的驱动性要素。为了突破研究手段上的局限，传播学者引入认知神经科学的方法，运用脑电实验等技术深入研究人脑信息加工的过程，通过电生理信号构造人脑镜像的方式研究人脑信息处理机制，准确探测人们行为选择的生理和心理诱因，拓宽了传播效果研究的维度，提高了传播效果评估的精准度。

### （二）与记忆研究相关的实验范式与测量指标

学习—再认范式是记忆研究的经典范式，通常用于脑电实验。该范式包含两个阶段：学习阶段（记忆编码阶段），被试需先认真学习相关项目，如词汇或文章等，无须做出反应；在再认阶段（记忆提取阶段），则给被试呈现一组项目（一半是先前学习过的旧项目，一半是未学习过的新项目），要求被试进行新旧项目判断并按键，在此过程中收集被试脑电数据。大量研究表明，在再认阶段，正确识别的旧词相对于正确判断的新词会产生更大的晚期正成分（LPC，Late Positive Component），即新旧效应（Old-New Effect），该效应一般出现在刺激后300~500ms，持续时间为300~600ms。② 晚期正成分是约在刺激发生后

---

① 蔡曙山主编，江铭虎副主编.人类的心智与认知——当代认知科学重大理论与应用研究 [M].北京：人民出版社.2016：567.

② 赵仑.ERPs实验教程（修订版）[M].南京：东南大学出版社，2010：94.

300~500ms 间出现的 ERPs 正向成分，又称为慢波，是与记忆有关的一个 ERPs 成分。另外，该范式的测量指标分为两类：一类是 ERPs 指标，主要关注晚期正成分（LPC）的差异与变化；一类是行为指标，即根据被试按键反应所得出的正确率、反应时间等指标。

另外，自由回忆也是记忆研究中常用的方法，通常用于行为实验。自由回忆是指被试认真学习一段材料后，在未经提示的情况下，通过自行回忆得出记忆结果的方法。语言学和广告学等学科领域的研究，通常将词汇或图片作为实验材料，让被试自行回忆学习过的材料，以测量记忆量、正确率等指标。而在新闻传播学领域，文字信息的传播不是通过单个、无序的词汇来完成的，而是通过或长或短的句子或者文章来传达的。因此，在本研究中，研究者将以文章为实验材料，通过阅读理解的方式考查被试对于文章的理解性记忆。

## 二、理论层面

### （一）记忆概念的界定

记忆是人们存储和提取信息的一种能力。[①] 学习是获取新信息的过程，其结果便是记忆。这种记忆也许会发生在信息的单次呈现后，也许是信息的重复呈现后。

记忆必须是能够在一段时间内维持的。根据信息维持的时

---

① [美] 理查德·格里格.菲利普·津巴多著，王垒等译，心理学与生活（第19版）[M].
人民邮电出版社 . 2016：192.

间长短，记忆分为感觉记忆、短时记忆和长时记忆。感觉记忆（Sensory Memory）的维持时间以毫秒或秒计算，而短时记忆（Short-Term Memory）是指那些能够维持几秒至几分钟的记忆，长时记忆（Long-Term Memory）则是按照天或年来计量，通常情况下，维持在一分钟以上的记忆便属于长时记忆的范畴。

根据记忆的功能，理查德·格里格等人将记忆划分为外显记忆和内隐记忆、陈述性记忆和程序性记忆。外显记忆是指需要有意识的努力去恢复信息的过程，而与之相对的，内隐记忆则是指不需要有意识的努力就可以获得信息的过程。陈述性记忆是指涉及事实和事件的回忆，而程序性记忆是指关于怎样去做某些事的回忆，它被用于获得保持和使用直觉的、认知的和运动的技能。[①]

从传播实践的角度来看，"长时记忆意味着用户行为的惯性效应"[②]，任何传播活动的最终目的都是致力于对受众思维惯性和行为模式的培养，从而产生更持久的传播效果。因此，本书旨在研究传播效果的深度问题，即在一个较长时间范畴内的记忆效果。

（二）媒介研究

从传统意义上讲，媒介是信息传播的载体。但众多学者的研究成果表明媒介的功能与价值已经远远超越了物质层面的意义。媒介以一种技术无意识的形式影响着传播内容，塑造着时代文

---

① [美]理查德·格里格．菲利普·津巴多著，王垒等译，心理学与生活（第19版）[M]．北京：人民邮电出版社．2016：193-194．

② Owczarczuk, Marcin. Long memory in patterns of mobile phone usage[J]. PHYSICA A-STATISTICAL MECHANICS AND ITS APPLICATIONS, Volume 391, Issue 4, 15 February 2012：1428-1433

化，改变着受众的行为模式和认知模式。

1949年，C. 香农和 W. 韦弗从信息论的角度提出了通信的数学模式，肯定了媒介不仅仅是信息传输的物理载体，还具备编码解码的功能，影响着媒介渠道中的内容。伊尼斯基于时间和空间的视角将媒介形态、文化与权力联系起来，认为媒介具有偏向性，不同的媒介类型会构造不同的文化形态，并影响权力格局。"一种媒介经过长期使用之后，会在一定程度上决定传播的知识有何特征"[①]，从而决定知识垄断权力的分布。按照媒介的偏向性，伊尼斯将媒介划分为偏时间的媒介和偏空间的媒介。偏时间的媒介侧重于时间序列上的纵向传播，在这种传播格局下权力结构较为集中；偏空间的媒介侧重于空间形态上的横向传播，形成去中心化的权力格局。

麦克卢汉提出"媒介即信息"，强调媒介对人的行为模式和社会文化的影响。他所阐述的"冷媒介"和"热媒介"的概念则更具象地分析了不同的媒介特性需要不同的认知模式。热媒介清晰度高，提供的信息量大，不需要受众发挥过多的想象，要求的参与度比较低；而冷媒介则清晰度低，提供的信息量较小，需要受众充分发挥想象力，要求的参与度较高。[②]麦克卢汉的媒介思想为后续学者的媒介研究奠定了基础，指明了方向。尼尔·波兹曼在此基础上更近一步，提出了"媒介即隐喻"和"媒介即认识论"。[③]媒介以一种隐蔽的形式定义着现实世界，塑造着时代文

---

① [加]哈罗德·伊尼斯著. 何道宽译. 传播的偏向（中文修订版）[M]. 北京：中国传媒大学出版社 .2015：72.

② [加]马歇尔·麦克卢汉 . 理解媒介——论人的延伸 [M]. 北京：商务印书馆，2000：51.

③ [美]尼尔·波兹曼著. 章艳译. 娱乐至死 [M]. 北京：中信出版集团 .2015：3–33.

化，不同媒介对应着不同的认知习惯。在波兹曼看来，印刷媒介是一种极度重视逻辑、理性和秩序的媒介，抽象化的严肃语言使印刷媒介对受众的身体和大脑提出更加严格的要求。在印刷媒介场景中，人们需要保持专注，同时，还需克服文字的外在形式，在抽象化的印刷文字中思考其内涵和观点间的逻辑关系。梅罗维茨则从麦克卢汉的媒介思想出发，以情景为中心系统化论证了媒介情景对受众行为的影响，即受众在不同媒介情景中会采取不同的行为模式。

综合以上媒介研究的经典理论，我们可以看出人与媒介之间互为影响的关系。媒介的变迁源于科学技术的推动和人类需求的拉动，是人类文明进化的产物。然而，随着媒介凭借其自身特性渗透到社会生活的方方面面，媒介又会在潜移默化中塑造着人的认知和行为模式。因此，媒介类型不同，受众的认知模式也会存在差异。

### （三）基于认知神经科学方法的传播效果研究

认知神经科学的研究已经表明，感觉处理通常会发生在知觉意识之外，这个过程会导致有意识的情绪反应。Igor Knez（2014）的研究发现当处于非视觉的闪烁光条件下（即人眼基本感觉不到屏幕闪烁光存在的情况），被试会感到情绪较为低落且不够放松。[1]因此，电子媒介屏幕的"闪动效应"可能会对传播效果产生影响。

Geske 和 Bellur（2006）通过脑电实验对比了读者使用印刷媒介、CRT 屏幕和 LCD 屏幕时的注意力机制，发现被试大脑顶叶区域的信息处理过程会存在显著不同，同时他们还进行了一

---

[1]　Igor Knez. Affective and cognitive reactions to subliminal flicker from fluorescent lighting[J]. Consciousness and Cognition，May 2014，Vol.26，pp.97–104

项探索性研究，测量了15位女性被试的 EEG 数据，结果表明有60% 的被试会对印刷媒介投入更多的注意力资源。[1]Geske 和 Bellur（2008）在此基础上更进一步，运用脑电实验的方式收集了34名被试的数据，研究了被试在印刷媒介和 CRT 屏幕上注意力的差异，研究结果表明相比于 CRT 屏幕，被试在印刷媒介上会采用更认真的注意模式。[2]喻国明，李彪和丁汉青等人（2010）也曾在纸质报纸和电纸书报纸场景中对受众的脑认知机制进行了比较研究，实验将脑电成分中的失匹配负波——MMN 作为衡量以上两种条件中被试信息加工机制的测量指标，从而考察媒介对受众认知机制的影响。研究发现被试在两种媒介场景中投入的注意力会存在差异，媒介介质不同，人们的信息处理模式也会存在差异。[3]Bill 和 Alyson 等人（2014）则跳出媒介使用的视野，从媒介在场的角度研究了手机在场对人们认知模式的影响。研究发现，尤其是在需要更多的注意和认知资源的任务中，仅仅是手机在场（而不使用），就会导致注意的减弱。[4]

综上所述，不同类型的传播媒介由于其自身介质的不同，会具备不同的媒介特性，从而导致受众采取不同的认知模式。众多

---

① Geske, Jc ; Bellur, S. A comparison of reading on computer screens and print media: Measurement of attention patterns using EEG[J]. Psychophysiology, 2006, Vol.43 Suppl 1, pp.S41–S41

② Geske, Joel ; Bellur, Saras. Differences in brain information processing between print and computer screens: Bottom–up and top–down attention factors[J]. International Journal of Advertising, August, 2008, Vol.27（3）, p.399（25）

③ 喻国明，李彪，丁汉青，王菲，胥琳佳. 媒介即信息：一项基于 MMN 的实证研究——关于纸质报纸和电纸书报纸的脑认知机制比较研究 [J]. 国际新闻界，2010, 32（11）:33–38.

④ Thornton, Bill ; Faires, Alyson ; Robbins, Maija ; Rollins, Eric. The Mere Presence of a Cell Phone May be Distracting[J]. Social Psychology, 2014, Vol.45（6）, pp.479–488

研究已经证实了手机和报纸两种媒介的受众认知模式存在差异，相较于手机媒介，人们在报纸媒介场景中投入更多的注意力。

## 第二节　研究问题与研究假设

### 一、研究问题

面对不同的媒介，受众需要采用不同的认知模式，倾注不同程度的注意力资源（麦克卢汉，1964）。众多交叉学科实证研究已经表明，手机和报纸作为两种不同属性的媒介，会对受众的认知模式产生影响，受众在这两种媒介场景中通常会投入不同程度的注意力资源，从而在很大程度上证实了以上学者的判断（Geske，Bellur，2006；Geske，Bellur，2008；喻国明，李彪，丁汉青等，2010）。

然而以往学者缺乏对认知效果中的另一个十分重要的维度——记忆效果的研究。从传播效果的层次来看，记忆效果反映的是传播至效的深度问题。无论是广告、新闻还是电视节目都希望在受众的记忆中留下烙印，从而实现传播目的，产生更强大的功能与价值。因此，研究何种媒介场景更有利于提升受众的记忆效果将具有极大的价值和意义。

记忆的过程包括编码、存储和提取三个阶段，有效编码是记忆提取（回忆）的基础。传播学中受众的选择性机制理论表明，受众在媒介使用过程中会根据自身需求与喜好进行选择性注意、选择性理解与选择性记忆，选择性注意是产生记忆的基本条件。认知神经科学的研究也表明，"完全注意条件下的编码和分散注意条件下的编码对应的神经活动的模式不同"（Edward，Stephen，2017），当人们对信息的注意被分散时，就会产生无效编码，从而导致回忆的失败。因此，有效注意对产生良好的记忆效果具有重要影响。

本研究拟探索"传播媒介对受众长时记忆效果的影响"这个核心问题。为探究不同媒介场景中受众的长时记忆效果，本研究将综合使用传播学和认知神经科学的方法展开研究。在文献梳理的基础上，提出了一个基本问题和若干假设，并分别从神经层面和行为层面设计了两个实验——脑电实验和行为实验，基于多项指标测量报纸和手机两种媒介场景中受众的长时记忆效果。

研究问题：通过报纸和手机两种媒介浏览相同的内容时，受众的长时记忆效果有无差异？

自变量：传播媒介——报纸和手机、刺激类型——新词和旧词。

因变量：受众长时记忆效果——ERPs 指标（晚期正成分 LPC）、行为指标（正确率、反应时间）。

## 二、研究假设

本研究以一篇科普类文章为实验材料，要求受众分别在报纸和手机媒介场景中阅读实验材料。基于前期文献研究，提出假设 H1，假设 H2，假设 H3。

假设 H1：本研究预期，在报纸和手机两种媒介场景中阅读信息后，被试者面对旧词和新词时所诱发的脑电信号存在差异，该差异体现在晚期正成分 LPC 上。

假设 H1a：本研究预期，相比于使用手机阅读信息，使用报纸阅读信息后，大脑在记忆提取阶段会产生更强烈的新旧效应。

假设 H1b：本研究预期，使用手机和报纸阅读信息后，在再认阶段被试的新旧效应存在差异。

假设 H2：本研究预期，手机组和报纸组自由回忆正确率会存在显著差异。

假设 H3：本研究预期，相比于使用手机阅读信息，使用报纸阅读信息后，被试在自由回忆中会获得更高的正确率。

# 第三节　传播媒介对受众长时记忆的影响
## ——来自 ERPs 的证据

## 一、实验目的

本研究旨在通过探测人们大脑皮层的电生理信号，考查被试通过不同媒介学习文字材料后，面对旧词和新词所诱发的 LPC 的变化，从而探索不同传播媒介的长时记忆效果是否存在差异。

## 二、实验假设及变量

（一）实验假设

假设 H1：本研究预期，在报纸和手机两种媒介场景中阅读信息后，被试面对旧词和新词所诱发的脑电信号存在差异，该差异体现在晚期正成分 LPC 上。

假设 H1a：本研究预期，相比于使用手机阅读信息，使用报纸阅读信息后，大脑在记忆提取阶段会产生更强烈的新旧效应。

假设 H1b：本研究预期，使用手机和报纸阅读信息后，在再认阶段被试的新旧效应存在差异。

## （二）实验变量

自变量：传播媒介——报纸和手机、刺激类型——新词和旧词。

因变量：受众长时记忆效果——ERPs 指标（晚期正成分 LPC）、行为指标（正确率、反应时间）。

# 三、方法

## （一）被试

本研究通过学校论坛、微信等平台公开招募了 50 名健康状况良好的大学生。被试来自不同的学科背景，年龄在 18 岁到 35 岁之间，男性 24 人，女性 26 人。实验分为两组，即报纸组和手机组，被试被随机分配入组，每组共 25 人，每组都是 13 名女性和 12 名男性。其中，由于某些被试数据存在严重伪迹以及被试的流失，报纸组剔除了 4 名被试，手机组剔除了 3 名被试。所有被试均为右利手，视力或矫正视力正常，无色盲色弱，无神经衰弱、失眠症，无精神—神经疾病史及家族史（如癫痫等），无严重烟瘾、酒瘾等不良嗜好，平时无服用安眠药、兴奋剂等精神活性药物。另外，所有被试在实验开始前都阅读并签署知情同意书，且在实验结束后获得相应报酬。

（二）实验材料

文字材料：《中国青年报》某一期的一篇科普类文章，字长2819字，完整阅读大约需要5~10分钟。

刺激材料：旧词为文字材料中出现过的词汇，新词为研究人员编纂的与旧词相关的迷惑性词汇，所有词汇均为2字词或者3字词。所有新词和旧词的词频均进行匹配。

被试阅读的报纸媒介为研究人员制作的模拟报纸，报纸开本为4开，尺寸大小为390毫米 × 540毫米，共包含4个版面，本实验的文字材料位于报纸的第一个版面。报纸的材质与普通报纸相同，排版设计与普通报纸基本类似，从而保证被试在真实的报纸场景中阅读。考虑到被试平时使用的手机型号各有不同，为避免实验设备差异影响实验结果，本实验为被试提供了统一的手机设备。手机型号是屏幕大小为5.5英寸，分辨率为1920×1080像素的 iPhone7Plus。

（三）实验程序

本实验采用学习—再认范式，共包含两个阶段：学习阶段。被试通过手机或报纸认真学习文字材料，时间限制在10分钟以内，以被试阅读完文字材料为准。考虑到多数被试平时阅读报纸的频率可能比较低，因此，在实验开始前，被试需阅读一段时间的报纸媒介，增强对报纸媒介的熟悉性。

再认阶段的刺激材料通过 E-Prime 3.0软件进行随机呈现。刺激呈现和脑电数据收集通过两台相同型号的联想 ThinkPad 手提电脑进行。每个试次（trial）开始时，在电脑屏幕中会首先呈现一个红色"+"符号注视点，提醒被试开始实验并集中注视电脑屏幕中央。注视点呈现时间为2秒。接着会呈现1个中文词汇，被试要判断在刚刚阅读的文字材料中是否见过这个词，如果见过按数字键盘上的"3"键，如果没见过按数字键盘上的"1"键。被试按键后自动跳转至下一个试次（如图13所示）。每个词呈现时间为5秒，实验共包含170个词，其中练习程序包含15个新词和15个旧词，正式测试程序包括70个新词和70个旧词。实验全程持续约40分钟。

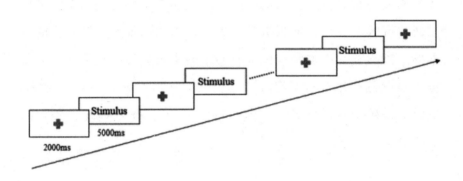

**图13　实验程序流程图**

（四）实验设计

本实验采用2（组别：手机组和报纸组）× 2（实验刺激类型：新词和旧词）的混合实验设计。其中，组别是被试间变量，实验包含两组被试——报纸组和手机组，每个被试只需通过一种媒介类型阅读文字材料。实验刺激类型为被试内变量，即每个被试都必须接受新词和旧词两种刺激类型，被试在本次脑电实验需要分别接受70个新词的刺激和70个旧词的刺激。

### （五）EEG 数据的采集与处理

本研究采用 Cognionics Quick-30 32 导无线干电极脑电设备收集被试的 EEG 数据，该设备包含 32 个电极，按照 10~20 系统排列电极位置。根据以往研究（Rosler，Heil，Glowalla，1993；罗跃嘉，魏景汉，翁旭初等，2001），选取额区的 Fz，位于额中央区的 Cz 和位于顶区的 Pz 三个电极点上的数据进行方差分析，以考察被试的长时记忆效果。

实验过程中，安排被试全程在安静、无干扰的实验室内完成实验。EEG 数据采样率为 500 Hz，DC 放大，前额接地，记录带宽 0~200 Hz。记录时以左侧乳突为参考电极，离线分析时转换为双侧乳突平均为参考电极。

实验开始前，主试需确保每个电极都与被试的头皮接触良好，尽量降低因头发等因素造成的电阻干扰，使每个电极都能收集到被试大脑皮层诱发出的 EEG 信号。正式实验过程中，主试需要时刻关注 EEG 设备上的各个电极是否与被试头皮充分衔接，以确保各电极稳定地收集被试脑电数据。

本实验全程共收集被试三段脑电数据：前静息脑电数据、再认测试阶段的脑电数据以及后静息脑电数据。前静息测试和后静息测试分别在再认测试前和再认测试后进行，可以平复被试的情绪，使被试以较为平稳的状态进入实验和结束实验。

采用 EEGLAB 对 EEG 数据进行处理。使用 ICA 方法去除眨眼、肌电等伪迹。对数据进行 30 Hz 低通滤波，然后进行分段和基线校正。以词出现的时刻作为事件触发零点，取 -200 至 1000ms 为分段叠加 LPC 成分。

## （六）数据的测量与统计分析

行为数据的处理主要进行了以下步骤：一是将被试的行为数据在 E-merge 软件中进行分组合并；二是过滤筛选出被试的正确率和反应时间等数据；三是在此基础上求平均值。通常情况下，正常人面对刺激的反应时间在 200-2000ms 之间，因此，本研究将小于 200ms 和大于 2000ms 的反应时间数据予以过滤去除。

采用 200ms 逐窗口测量法对 LPC 的平均波幅进行测量，对刺激出现后 400ms 之后的慢波数据，每隔 200ms 作为一个时间窗口进行分段处理，并在此基础上进行逐段统计。因此，本研究总共对 400~600ms，600~800ms，800~1000ms 三个时间窗口进行统计分析。统计分析软件采用 SPSS 22.0。

# 四、实验结果

## （一）行为结果

表 15　报纸组和手机组在新词、旧词两种条件下的正确率和反应时间（M ± SD）

| | | 旧词 | 新词 |
|---|---|---|---|
| 报纸组<br>（N = 21） | 正确率（%） | 70.24 ± 0.10 | 69.71 ± 0.12 |
| | 反应时间（ms） | 1075.10 ± 151.36 | 1148.29 ± 172.86 |
| 手机组<br>（N = 22） | 正确率（%） | 66.68 ± 0.10 | 72.23 ± 0.15 |
| | 反应时间（ms） | 1103.66 ± 178.75 | 1184.45 ± 204.34 |

从手机组和报纸组在新词和旧词两种条件下的正确率和反应

时间来看（如表15所示），相比于新词条件下的正确率与反应时间，报纸组在旧词条件下正确率略高，反应时间略短。而手机组在新词条件下的正确率高于旧词，在旧词条件下的反应时间则略短于新词。

本研究采用2（组别：报纸组和手机组）×2（刺激类型：新词和旧词）混合实验设计的重复测量方差分析模型（Repeated ANOVA）对正确率进行了统计分析，其中刺激类型（新词、旧词）是组内变量，组别（报纸组和手机组）是组间变量。结果发现，组别的主效应不显著 $[F_{(1,41)} = 0.067$, $p = 0.797$, $\eta 2P = 0.002]$，刺激类型的主效应不显著 $[F_{(1,41)} = 0.679$, $p = 0.415$, $\eta 2P = 0.016]$，刺激类型和组别的交互效应不显著 $[F_{(1,41)} = 0.991$, $p = 0.325$, $\eta 2P = 0.024]$。这表明，手机和报纸这两种媒介，不会导致被试记忆结果的正确率产生显著差异。从行为层面上来看，被试在两种媒介场景下的记忆效果基本持平。

同样，本研究也采用2（组别：报纸组和手机组）×2（刺激类型：新词和旧词）混合实验设计的重复测量方差分析模型（Repeated ANOVA）对反应时间进行了统计分析，其中刺激类型（新词和旧词）是组内变量，组别（报纸组和手机组）是组间变量。分析发现，组别的主效应不显著 $[F_{(1,41)} = 0.368$, $p = 0.547$, $\eta 2P = 0.009]$，刺激类型的主效应显著 $[F_{(1,41)} = 53.873$, $p < 0.01$, $\eta 2P = 0.568]$，刺激类型和组别的交互效应不显著 $[F_{(1,41)} = 0.131$, $p = 0.719$, $\eta 2P = 0.003]$。这表明，新词和旧词两种条件下，被试的反应时间存在显著差异。从表15可知，不管是报纸组还是手机组，在旧词条件下的反应时

间均短于新词条件下的反应时间，因此，报纸和手机媒介均产生了记忆效果。

## （二）LPC 结果

从手机组和报纸组在 Fz、Cz、Pz 三个电极点上脑电波形的总平均图来看（如图 14 所示），与报纸组相比，手机组表现出更强烈的新旧效应，假设 H1a 不成立。两组大约在刺激发生后 400ms 开始诱发出晚期正向成分（LPC），因此本研究提取了刺激发生后的 400~1000ms 时间窗口内的数据进行深入分析。

本研究采用 2（刺激类型：新词和旧词）× 2（组别：报纸组和手机组）× 3（电极点：Fz、Cz、Pz）重复测量方差分析（Repeated ANOVA）对 LPC 的波幅数据进行了统计分析。其中刺激类型和电极点是组内变量，组别是组间变量。

在 400~600ms 这个时间窗口中，组别的主效应不显著 [ $F_{(1, 41)}$ = 3.716, p = 0.061, $\eta 2P$ = 0.083 ]，刺激类型的主效应不显著 [ $F_{(1, 41)}$ = 1.255, p = 0.269, $\eta 2P$ = 0.030 ]，电极点的主效应显著 [ $F_{(2, 82)}$ = 3.701, p = 0.029, $\eta 2P$ = 0.083 ]，假设 H1 不成立。经事后检验发现，Pz 和 Cz 两个电极点之间存在显著差异，p = 0.047，Fz 和 Cz 没有显著差异，Fz 和 Pz 也没有显著差异。刺激类型和组别的交互作用不显著 [ $F_{(1, 41)}$ = 0.977, p = 0.329, $\eta 2P$ = 0.023 ]，电极点和组别的交互作用不显著 [ $F_{(2, 82)}$ = 0.344, p = 0.710, $\eta 2P$ = 0.008 ]，电极点和刺激类型的交互作用不显著 [ $F_{(2, 82)}$ = 1.433, p = 0.245, $\eta 2P$ = 0.034 ]，刺激类型、电极点和组别三者间的交互作用不显著 [ $F_{(2, 82)}$ = 0.662, p = 0.519, $\eta 2P$ = 0.016 ]。这表明，

手机和报纸两种媒介在400~600ms之间长时记忆效果存在差异，但两者间差异不显著。

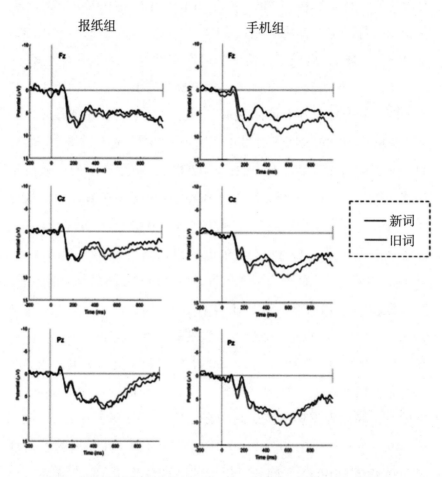

图 14  报纸组和手机组在 Fz、Pz、Cz 三点的 LPC 总平均图

在600~800ms这个时间窗口中，组别的主效应显著［F（1，41）= 4.842，p = 0.033，η2P = 0.106］，假设 H1b 成立。刺激类型的主效应不显著［F（1，41）= 1.103，p = 0.300，η2P = 0.026］，电极点的主效应不显著［F（2,82）= 0.286，p = 0.752，

$\eta 2P = 0.007$]。刺激类型和组别的交互作用不显著［F（1，41）= 0.745，p = 0.393，$\eta 2P = 0.018$］，电极点和组别的交互作用不显著［F（2，82）= 1.989，p = 0.143，$\eta 2P = 0.046$］，电极点和刺激条件的交互作用不显著［F（2，82）= 2.075，p = 0.132，$\eta 2P = 0.048$］，电极点、组别和刺激条件的交互作用不显著［F（2，82）= 0.402，p = 0.529，$\eta 2P = 0.010$］。这表明，手机和报纸两种媒介在600~800ms之间长时记忆效果存在显著差异。

在800~1000ms时间窗口中，组别的主效应不显著［F（1，41）= 3.437，p = 0.071，$\eta 2P = 0.077$］，刺激类型的主效应不显著［F（1，41）= 0.574，p = 0.453，$\eta 2P = 0.014$］，电极点的主效应显著［F（2，82）= 4.730，p = 0.011，$\eta 2P = 0.103$］。经事后检验发现，Fz和Pz两个电极点之间存在显著差异，p = 0.019，Fz和Cz之间没有显著差异，Cz和Pz之间没有显著差异。刺激类型和组别的交互效应不显著［F（1，41）= 0.234，p = 0.631，$\eta 2P = 0.006$］，电极点和组别的交互效应不显著［F（2，82）= 2.762，p = 0.069，$\eta 2P = 0.063$］，刺激类型和电极点的交互效应不显著［F（2，82）= 2.311，p = 0.106，$\eta 2P = 0.053$］，电极点、刺激类型和组别之间的交互作用不显著［F（2，82）= 0.493，p = 0.612，$\eta 2P = 0.012$］。这说明，手机和报纸两种媒介在800~1000ms之间长时记忆效果存在差异，但两者间差异不显著。

以上统计分析结果表明，报纸组和手机组的长时记忆效果存在差异，其中，在刺激发生后600~800ms之间的组间差异最为显著。

# 第四节　传播媒介对受众长时记忆的影响
## ——来自行为层面的证据

## 一、实验目的

本研究旨在通过神经和行为两个层面的测量为传播媒介对受众长时记忆的影响提供依据，上一节主要在神经层面上探究不同的传播媒介对受众长时记忆效果的影响，本节则在行为层面上进行双重检验。本研究的行为实验要求被试运用不同媒介学习文字材料，通过被试自由回忆结果的正确率，考察不同传播媒介的长时记忆效果是否存在差异。另外，与上一节的脑电实验侧重测量词汇记忆效果不同，本节的行为实验更侧重测量被试的理解性记忆。

## 二、实验假设及变量

（一）实验假设

本节拟解决的核心问题是"通过报纸和手机两种媒介浏览相同的内容时，受众的长时记忆效果有无差异？"，并提出以下假设。

假设 H2：本研究预期，手机组和报纸组自由回忆正确率会存在显著差异。

假设 H3：本研究预期，相比于使用手机阅读信息，使用报纸阅读信息后，被试在自由回忆中会获得更高的正确率。

## （二）实验变量

自变量：传播媒介——报纸或手机。

因变量：受众长时记忆效果——行为指标：自由回忆的正确率。

# 三、方法

## （一）被试

本实验的被试与上一节的被试是同一批人。这样既可以将两次实验的数据进行参照性分析，又可以节省实验成本。

## （二）实验材料

实验材料与上一节相同。

## （三）实验程序

被试在做完后静息态测试后，继续进入本实验。首先，被试被要求再读一遍实验材料，随后填写一份行为问卷，没有时长限制，提交问卷即可结束实验。主试人员对被试的知情同意书和行为问卷进行编码处理并保存。

## （四）实验设计

本实验运用记忆研究中测量记忆的另一种方法——自由回忆，并采用单因素实验设计，考察不同介质的媒介（手机和报纸）对受众长时记忆效果的影响。由于本实验紧随上一节实验之后进行，此时，已经距离阅读材料长达30~40分钟，并且再认过程中被试一直在接受脑电实验，可能会分散注意力，影响最终的记忆效果。因此，考虑到之前实验可能会对本实验产生影响，统一要求手机组和报纸组在做完脑电实验后再读一遍实验材料，以排除影响。由于所有参与实验的被试都会在脑电实验结束后再读一遍实验材料，因此存在组别间的可比性。

（五）实验设备

本节与上一节采用相同的报纸和手机设备。

## 四、实验数据的收集与处理

本节的行为问卷共包含20道题，每道题分值为1分，满分20分。实验结束后，研究人员根据参考答案对被试的行为问卷进行批改。由于本节的问卷以开放性问题居多，因此，为了保证数据统计的信度，研究人员首先要就问卷打分行为进行训练，遇到不确定的情况时，研究人员需共同讨论无异议后给予一个分值。

## 五、实验结果

为了考查不同媒介的受众长时记忆效果，本实验对手机组和报纸组所有被试的正确率求平均值之后，得出报纸组正确率为57.17%，手机组的正确率为60%（如图15所示），假设 H3 不成立。另外，本研究还对手机组和报纸组自由回忆的正确率进行了独立样本 t 检验，结果发现报纸组的正确率与手机组的正确率之间差异不显著，t（44）= −0.568，p = 0.758，d = 0.050。这表明，报纸和手机两种媒介对受众的自由回忆效果影响不存在显著差异，因此假设 H2 不成立。由此可见，手机和报纸在对受众理解性记忆的影响方面并无显著差异。

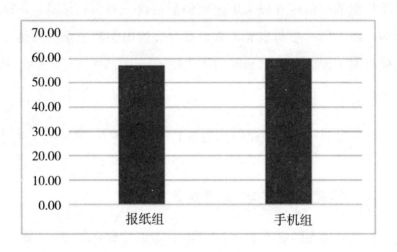

图15　报纸组和手机组的平均正确率（%）

## 第五节　综合讨论

　　本研究用两个实验探讨了传播媒介对受众长时记忆效果的影响，分别从神经层面和行为层面考察了手机媒介和报纸媒介的长时记忆效果。通过比较手机组和报纸组的 ERPs 指标（晚期正成分 LPC）和行为指标（再认正确率、反应时间和自由回忆正确率）数据，探究了手机和报纸对受众长时记忆效果的作用机制，并获得一些有意义的发现：在神经层面上，手机媒介和报纸媒介的长时记忆效果存在差异，尤其在刺激出现后的 600~800ms 最为显著。被试通过手机媒介阅读文字材料，在记忆提取阶段会产生更强烈的新旧效应，即手机媒介的长时记忆效果更佳。在行为层面上，相比于报纸媒介，被试使用手机媒介阅读文字材料后，在记忆提取阶段的自由回忆正确率略高，但两者之间并不存在显著差异，这表明手机和报纸在对受众理解性记忆的影响方面差异不大。这些发现颠覆了以往人们经验中认为纸质阅读会产生更佳记忆效果的思维惯性，丰富了我们对媒介效果的认识，并有助于启发我们在此基础上做进一步深入的研究。

总之，本研究的分析结果表明，手机和报纸作为两种不同介质的媒介，在长时记忆效果上存在显著差异，因此，拟解决的核心问题"通过报纸和手机两种媒介浏览相同的内容时，受众的长时记忆效果有无差异？"得以解决。但是，本研究只是发现了手机和报纸这两种媒介的长时记忆效果存在差异。而通过两种媒介阅读材料后，人们在记忆提取阶段的信息加工机制有何不同等问题仍然有待后续研究的证明。

从报纸组和手机组在 Fz、Pz、Cz 三点的 LPC 总平均图可以看出，与研究预期相反，相比于报纸媒介，手机媒介产生了更强烈的新旧效应。这一结果可能与手机媒介的大规模普及有关。Neijens 和 Voorveld（2018）的研究发现，数字创新者从平板电脑上阅读报纸时所读到的信息量与阅读纸质报纸时所获得的信息一样多。如今，手机已经成为人们日常生活中的主导性媒介，构成了人们获取信息的基本来源，手机阅读的习惯已经基本养成。而纸质媒介则在数字化时代日渐式微，影响力不断下降，纸质阅读与人们渐行渐远。自由回忆阶段侧重于考察被试的理解性记忆，结果表明手机组的自由回忆正确率比报纸组略高，与以往学者的研究结果相反（Ferris，2013）。因此，在传播实践中，应该顺应数字化发展的潮流，将更多的信息传播活动转移到手机媒介，以实现传播目的，创造更大的社会价值与市场空间。

本研究也存在一些不足。手机媒介场景下，不同性别和年龄受众的记忆效果是否会存在差异？采用手机横屏或竖屏呈现传播内容，是否会产生不同的传播效果？不同媒介场景下，受众的记忆提取机制是基于熟悉度还是回想？这些问题都有待我们后续研究予以解决。未来可以在本研究基础上，从两个方面继续深入研究：一是进一步探究不同媒介场景下受众信息加工的具体过程，从而可以在更深层次上解释本研究的结论；二是手机媒介场景下，不同呈现形式是否会导致不同的传播效果，从而更细化地研究手机媒介传播效果的影响因素，更精准地指导传播实践。

任何传播活动都是以传播至效为根本目的的，对传播效果的考察，不仅可以从传播者、传播内容和传播技巧等方面出发，还可以从媒介自身出发来考察对受众的影响。不同介质的传播媒介，信息呈现的效果不同，也会导致内容的传播效果存在差异。麦克卢汉等多位学者已经从理论层面初步搭建了媒介研究的框架，但其中的众多理论或阐释尚缺乏实证证明。本研究将视角回归到媒介本身，运用认知神经科学的方法，通过两种不同介质的媒介（手机和报纸）传播效果的对比，来考察媒介作为受众接触信息的关键界面，对传播效果的影响。这在一定程度上可以为媒介效果研究提供神经层面和行为层面的实证依据。

媒介作为传播过程中的重要一环，不仅是连接传播者与受众的重要渠道，同时其介质和形态也是影响传播效果的重要因素。每一种传播媒介都会引入一种新的尺度，在潜移默化中影响着人们的认知模式与行为习惯，从而影响传播效果。研究结果表明，不同介质的媒介可以影响传播至效的深度问题，即长时记忆效果。麦克卢汉（1964）提出的"冷媒介"和"热媒介"的概念揭示了媒介特性不同，人们对应的认知模式也会存在差异；尼尔·波兹曼（1985）提出的"媒介即认识论"的观点也表明了媒介对人的认知模式和行为模式的影响；梅罗维茨（1985）也曾提出"媒介—情景—行为"的模型，在不同的媒介情景下，受众会采取不同的行为模式。本研究是对以上学者理论模型的进一步延伸，即在不同媒介诱发不同行为之后，传播效果方面会存在哪些差异，从而在更深层次上延伸和发展了传统的媒介理论。

随着技术的快速发展，多样化媒介共存的局面已经形成，但不可否认，报业衰落的趋势不可逆转，手机媒介已经成为人们日常生活中的主导性媒介，传媒业走到了数字化转型的"十字路口"。保罗·莱文森曾经指出，一种媒介的存活系数，与其对前技术环境的复制程度密切相关，未来媒介对前技术环境复制的精准度会越来越高，甚至会基本接近前技术环境，导致虚拟与现实之间的边界模糊。手机媒介融合文字、图片、音视频等多种符号形式于一体，甚至可以运用 VR、AR 等技术实现对现实世界的多维立体呈现，这丰富了信息传播的形式，有助于增强信息传播效果。本研究也通过脑电实验和行为实验证明了手机比报纸的长时记忆效果更佳。这在一定程度上表明了加快媒介融合步伐的必要性与紧迫性。报业的时代已经过去，数字化时代已经来临，只有在媒介融合思维变革的基础上，合理运用手机媒介的特性与优势，才能在激烈的传媒竞争中找到适合自身发展的路径与方向。